KAKUTA METHOD

健やか育て・育て直しアドバイザー
角田 春高

# 「振り返り」と「謝ること」で変わる保育

―育て直し・育ち直り―

文芸社

# はじめに

この本を手に取ってくださって、ありがとうございます。

私は、県職員として短期母子療養施設や児童相談所や保健所などに勤務したのち、保育者養成校の短期大学教授として保育者養成と現職教育（職員研修）に取り組み、スクールカウンセラーとしても活動してきました。個別相談、育て直しカウンセリング、育て直しケースワーク経験、保育事例援助などを長年経験してきた中で見出した、子どもや保護者や保育者を含めて「人」が健やかに育つためにはどうすればいいのか、あるいは、すでに育ってしまった大人が「人生」をやり直すにはどうすればいいのか、その手がかりを、本書にまとめました。

あなたは今、どんな悩みをお持ちですか？

・「気になる子ども」にどう関わったらいいか分からない。
・子どもを好きになれない。

・憧れの保育の仕事に就いたけれど、向いていないかもしれない。
・保育の仕事に就いて仲間内との人間関係がうまくいかないので、辞めるか転職したい。
・子どもの成長のための保育を心がけているが、これでいいのだろうか。
・保育に手応えを持ちたい。
・不適切保育、不適切指導をする人を避けたい。
・自分は不適切保育、不適切指導をしていないだろうか。
・自分勝手に動き回る子どもと、どう関わったらいいのだろうか。
・保護者からの相談にうまく乗れない。
・登園してきた子どもはバイバイしているのに
　バイバイをせず足早に去る保護者に、何と声をかけたらいいのか。
・お迎えに来た保護者が子どもに帰りを急がせて苛立っている時、
　何と声をかけたらいいのか。
・保育の仕事と自身の育児の両立ができるだろうか。
・保育実習で指導してくださる先生の保育方針に疑問があるが、
　このまま保育の仕事に就いていいのだろうか。

・周囲の反対を押し切って保育の仕事に就いたけれど、理想と現実が違いすぎる。
・保育実習の時、子どもが膝に入ってきたので相手をしていると、
　実習指導の先生から注意・指導を受けて、悩んでいる。
・学童保育に携わっているが、荒れている子どものために、どうすればいいのか。
・学童保育で抱っこやおんぶを求めてくる子どもに、どう応えたらいいのか。
・支援教室、フリースクールに携わっているが、子どもたちとどう関わればいいのか。

そんな悩みを抱えているあなたが、今、気になる項目からページを開いて、この本を読んでみてください。

目　次

## 赤ちゃんが健やかな大人になる道筋を知っておこう

## 保育からやり直そう！　――保育を通して「生きがい」を！――　242

※対象児が同じでも、事例として取り上げるテーマが異なる場合は、別事例として紹介しています。

# 「振り返り」と「謝ること」で変わる保育

——育て直し・育ち直り——

## 「気になる子ども」どう理解する？

子どもがより健やかに育つようにという視点から「気になる子ども」の**〈現状の姿〉**ごとの**〈理解の仕方〉**を説明し、**〈事例〉**を紹介したあと解説しますので、ひとまず保育してみてください。

### 気になる子ども① 緊張しっぱなし

**〈子どもの現状の姿〉**怖いもの知らずで、高いところへ平気で登る。いつもと違う雰囲気だと落ち着きなく動く。誰が抱っこしても拒む。誰が抱っこしてもフィット感を持てない。誰がおんぶをしても反り返る。通りすがりに突然人を叩く。思い通りにならないと死ね、殺す、殺してくれなど暴言を吐く。何かあると中指を立てる。こちらの言うことが子どもに伝わらない。コミュニケーションが取れない。泣いたり怒ったりしても気持ちが伝わってこない。存在を感じない。ほとんど微笑みが見られない。いつも作り笑いする。いつも表情が硬いとか乏しい。抱っこしてもいつも体が硬い。力加減が分からない。発達障害あるいは発達障害もどきとの診断が出ている、等々。

**〈理解の仕方〉**こうした言動をする満年齢1歳以上の子どもは、何歳であっても生まれた時から緊張して生きており、人を頼ってリラックスすることを経験していないと理解しましょう。**喜怒哀楽の感情を押し殺しており、この感情が動いていない状態で生きている**と理解しましょう。

**事例1：「発達障害もどき」の3歳児の保育と助言・指導**
**（＊発達障害もどきは192頁参照）**

3歳の新入園児が「発達障害もどき」の姿でした。私の講演を聞いた保育者は、この子どもを甘えられるようにしようと、抱っこを試みました。子どもは逃げていったので、抱き締めてくすぐろうとしたら、子どもが一層暴れて「嫌がった」と思ったそうです。他の保育者にも関わってもらったのですが、子どもは同じ反応でした。

保育者としては子どもが「嫌がる」ことはしたくないので、背中をさするなどの他のスキンシップを始めました。関わり始めて3ヶ月ほど経つと、気分の良さそうな時は膝に入ることもできるようになり、単語を発するようになりました。この時点で、このまま保育を続けていいのかとの質問を受けました。

そこで、次のように助言・指導しました。子どもさんは甘えることを経験していないようですから、子どもが甘えられるようにしたいと思って、皆さんはくすぐって抱き締めることを始めました。それは適切な関わり方であったと思いますが、その時、**誰が関わっても子どもが「嫌がった」と理解したことが適切な判断ではなかった**と思います。

子どもが抱っこを「嫌がる」には、人によって「嫌」と「好《い》いよ」が分かっていることが前提です。ですから、この子の場合、誰が抱っこしても子どもは**「嫌」ではなく「抵抗」**したと理解して、くすぐりを続けることです。3ヶ月の経過からすると、くすぐりを続けていたならもっと早くに甘えることができるようになったと思います。今からでも遅くないので、**「あなたの理解を間違えた。ごめん」**と謝って、**「今からやり直そう」**と、くすぐって抱き締める関わり方を行なうように伝えました。

1週間後、質問した保育者に電話してみました。言われたようにくすぐって抱き締めるようにしたら、この1週間で明るい表情になって、子どもらしさが感じられ、言葉が急に出てきました。子どもが別人のようになったので、皆で驚いています。

さらに、子どもが育つ保育を心がけてきましたが、この子どもにだけでなく、今まで見てきた子どもたちに私たちは何をしてきたのかと、ショックを受けて、申し訳なく思っていますとのこと。

**事例2：生後11ヶ月の「気になる子ども」の保育者への助言・指導**

仲間の相談員からの報告です。生後11ヶ月の乳児ですが、お座りができない、と子育て支援している保育者から相談を受けました。小児科医は個人差があるので様子を見ましょうと診断したとのこと。

ひとまず、相談員は、乳児をくすぐってみましたが、反応が見られません。金魚運動（仰向けに寝かせた子どものかかとを支え持ち、左右に揺らす）をしてみましたが、体が硬いと分かりました。そこで、金魚運動をしたり、くすぐったりして関わってみてくださいと保育者に助言・指導しました。

1ヶ月後、相談員が会うと、乳児はお座りができて、表情がニコニコしています。さらに関わりを続けると、まもなくハイハイをするようになったそうです。母親もどうしたらいいか分からなかったが、保育者に言われて、気をつけて子どもに関わるようにしたとのこと。

相談員は、**人格形成の基本から関わることの大切さ**を学んだとのこと。

**事例3：生後6ヶ月児の乳児保育**

ある保育園の主任からの報告です。生後6ヶ月の女児で、母親は女子大生のため大学に通学することになり、保育園で女児を保育することになりました。**園ではどんなに忙しくても、一人ひとり抱っこして授乳をする**ようにしています。独身の保育者が女児を抱っこして授乳しようとすると、反り返って哺乳瓶から飲もうとしませんでした。他の保育者に替わったのですが、同じ反応でした。さらに、子育て経験のある主任が行なっても同じ反応でした。

飲まないと命の危険が及ぶことも考えられるので、大学に電話して至急母親に来てもらうことにしたのです。園に来た母親は、女児を受け取ると机の上に仰向けに寝かせて哺乳瓶を口に持っていきました。すると、女児は勢いよく飲んだそうです。

主任は、この飲ませ方は子どもの心身の成長に役立つとは思えないから、こういう授乳を行なってくれる園に明日から替わってくださいと、母親に伝えたそうです。

翌日、母親は母方の祖母と一緒に来園しました。祖母が「この飲ませ方がいけないとは知りませんでした。家でも抱っこして授乳するようにしますので、園の方針で保育してください」とおっしゃったとのこと。

その日から、女児を抱っこする機会を増やし、授乳時に抱っこして哺乳瓶で授乳したところ、園でも女児がミルクを飲むようになったとのこと。

これは、母親も赤ちゃん時代にされたことだったのでしょう。**好ましくない世代間連鎖**の一つですね。また、母親のいる大学に電話をした際、そのようなことで電話するなと言われて、保育園の主任は驚いたそうです。

ひとまず、この赤ちゃんは、**保育園の子どもの発達を中心にした保育方針**で救われたと思います。

**事例4：暴れる年長児A君の事例検討のために訪問して（＊事例検討は258頁参照）**

両親は高学歴で共働き。兄は親の言うことをよく聞く優秀な小学4年生とのこと。弟の

Ａ君は母親の１年間の育休明けから保育園に通園。１歳児クラスの時から元気で活発な子どもでした。年中クラスの後半あたりから、気に入らないことがあると暴れて、保育者の手に負えなくなってきました。親に園での様子を伝え、療育センターを紹介していますが、「家では良い子です」とのこと。

数ヶ月後に卒園でしたが、事例検討を行なうために保育園を訪問しました。その時、園長から「今ちょうど暴れているので、まず見てください」と言われ、そのまま現場に行くことになりました。

担任は、Ａ君の腰に手を回して一生懸命抱き留め、暴れて怪我しないようにしていました。事前に資料をもらっていましたが、咄嗟の判断で、私が**Ａ君を後ろから抱いて片手を繋いで座り込み**ました。Ａ君はしばらくの間、暴れていましたが、私に攻撃することはありませんでした。そこで、私が**「怒れるー」「甘えたかったのに、誰も甘えさせてくれなかったかな」**などと繰り返し言っていると、暴れ方が収まってきました。落ち着いてきたので、「先生に抱っこしてもらうかな」と言うと、Ａ君はさっと立ち上がり、傍にいた担任に抱きつきました。

事例検討している１時間ほどの間、Ａ君は保健室で**担任に添い寝**をしてもらい、目覚めてからは絵本を読んでもらっていました。
園では１ヶ月後に事例検討することにしましたが、担任が傍にいると落ち着いていると
いうことで、キャンセルになりました。
小学校入学後しばらくしてから、園に電話をしてみました。小学校では、座って授業を
受けられなくて、親と協議することになっているとのこと。
保育者が代理ママとなって成長・発達の第３課題である「人見知り・後追い」（89頁参
照）を経験しても、母親に移行しないまま転園、卒園を迎えることがあります。親・家庭
の問題と言ってしまえばそれまでですが、**心の基地（拠り所）を親・家族に引き継げない
と子どもにとっては、見捨てられたという体験**になってしまう可能性があります。

「緊張しっぱなし」の姿が気になる子どもの場合、年齢に相応しい言動をとるように注意
したり、禁止したりすることが多いと思われますが、**まず、子どもの発達段階を理解**する
必要があります。そのために、子どもにとって保育者が甘えられる存在かどうかと確かめ
てみます。誰が抱っこしてもフィット感が持てなければ、子どもの緊張を緩め、保育者に
甘えられるように関わります。

皆のように**1日も早く笑えるようにとの思いで、子どもをくすぐっては抱き締めることで、初めは拒んでも比較的短期間に変化し、感情が動く**ようになります。少しでも早く緊張を緩め、スキンシップを受け入れられるように関わります。続けていると、抱っこした時に、フィット感が持てるようになります。

甘えることを経験していない子どもを抱き締めても、すぐに甘えるようになる事例は稀です。多くは抱き締めようとすると暴れて逃げようとしたり「暴力、振るうな」と叫んだりします。それでも繰り返し抱き締めようとすると、逃げていくが追いかけてほしそうな素振りを見せることもあります。他の子どもとくすぐり合いをして子どもがキャッキャと喜んでいると、遠くから見ていたり近寄ってきたりします。そこで、「やってみる？」と声をかけると、頷くようになり、抱っこしてくすぐりを行なうと、驚きながらも体をくねらせたり、表情が緩み始めたりします。何か吐き出すような大声を出すようになることもあります。

しばらくすると、緊張がほぐれて、力が抜けて、弛緩状態になります。抱っこすると、フィット感が持てるようになります。自分から「抱っこして」と寄ってきたり、くすぐり遊びをしてもらいたがったり、甘えられるようになります。

**緊張が強すぎる子どもは、触られること自体に、私たちの想像以上の抵抗あるいは拒否する態度を取ります。**このような子どもに、保育者が快く関われないのは当然のことです。しかし、保育者はプロです。少しでも早く子どもの緊張が緩み、甘えられるようにするためにくすぐりを行なっていることを自覚してください。

保育者は、子どもを抱っこして逃げられると、子どもが「嫌がっている」と理解して、くすぐりをやめてしまうことがあります。しかし、「嫌がる」というのは、その一方で「好《い》い」ことが分かっている子どもが、「今は嫌である」とか「あなたにはしてもらいたくない」という気持ちを表しているのです。**誰にも甘えることができていない子どもの「嫌がる」という言動は、スキンシップに「抵抗」している**のだと理解する必要があります。

## 気になる子ども②　安全・安心感覚は働いている

**〈子どもの現状の姿〉**こだわりがかなり強い。身を守る感覚が鈍い。なんでも一番になりたがる。すぐカッとなる。よく嘘をつく。自分が困った時に助けを求めないで凍りついている。自分勝手な遊びが目立つ。人のオモチャを黙って取る。誰にでも甘えていくように思える。新しいことに警戒心が強い。気に入ったオモチャを持って登園する。場面緘黙《かんもく》（特定の社交的な場面で話すことができなくなる症状）の子。スマホでゲームばかりして生活リズムが乱れている。コーナーばかりでの遊びが好き。主従関係の友達遊びが好き。噛みつきが目立つ、等々。

**〈理解の仕方〉** 満年齢で1歳を過ぎても、こうした言動の子どもは感情が動いているので、驚いたり、危険に対して敏感に反応したりします。

守られて適応する経験が少ないので、1人で周囲に適応することになり、適応するのに時間がかかります。**1人で安心することになっていたり、安心できないままの生活をしていたりする**と言えます。子どもの年齢が進むと、年齢相応の姿との隔たりから、歪みとなって気がつくことになります。子どもは「場所見知り」が強くなり、こだわりが強くなったり、神経質な態度を取ったりするようになると理解しましょう。

**事例5：いつもと異なる行事があると落ち着きがなくなる年中児への保育**

保育参観日のこと。保育者が担当して3ヶ月で甘えられるようになり、困った時には助けを求めてくるようになった年中児。行事があったり、いつもと違う雰囲気を感じたりすると、登園しても落ち着きなく動き回って、手がかかります。保育者は業務の準備があるので、他の園児たちと同じようにして待っていてほしいし、いつものようにしていてほしいが、その期待に沿わない動きをするのでどうしたらいいかとの相談です。

そこで、次のように助言・指導しました。登園すると、その年中児はいつもと違う雰囲気を察知することができていると理解します。しかし、1人で状況を判断して、どうしたらいいかまでは考えられない状態でしょう。保育者が子どもの異変に気がついたなら、子どもに「いつもと違うなーと思う？」「今日はお母さんが来る日だよ」「今日は誰が来るかな？」「皆と待っていられないの？　そうしたら、先生はお支度するけど、傍にいていいよ」と声をかけ、**保育者は子どもを1人にしない**ことです。

保育者は、支度しながら時々声をかけて子どもの変化を見ましょう。子どもにできることがあれば手伝ってもらっても良いし、事情をのみ込むことができたようであれば、「少し様子が分かってきたみたいね」「お部屋に行く？」と子どもに言いながら、皆のいるところに連れていっても良いでしょう。その際、「心配なことがあれば、先生はここにいるからおいで」などと言ってみるのも良いでしょう、と助言・指導しました。

１ヶ月後の報告では、視察があったり来訪者があったりしましたが、当日の朝に説明したり、前日に説明したりすると、初めは保育者の傍にいましたが、皆と待つことができるようになってきたとのこと。

**事例６：お気に入りのオモチャを持って登園する園児への保育**

５歳の男児ですが、家にある気に入ったオモチャを持って登園するので、そのことを母親に注意しますが、母親の目を盗んで持ってくることがあります。保育者が見つけると、それを取り上げて、降園するまで職員室で預かっています。保育中、自分の思い通りにならないとカッとなり、周囲に当たり散らします。この男児にオモチャを持たせるだけ持たせるようにした方が良いのか迷っています、というものです。

そこで、私が、担任に男児には大好きな人がいるか聞いてみたところ、多分母親だと思うとのこと。園内で好きな人は誰かと聞くと、担任は首を傾げていました。私は、**男児が、大好きで見捨てない人に出会っていない**のだろうと思い、次のように助言・指導しました。

担任としてはオモチャの取り扱い方より、**母親代わりをする気持ちで男児を抱き締める**ことをしてみてください。男児が大好きな人に出会っていない寂しさを思いやりながら担任が抱き締めていると、初めは抵抗するかもしれませんが、抱きつくようになると思います。

担任でも他の保育者でもいいので、男児に大好きな人が見つかると、その人を独り占めするようにもなるでしょう。男児は大好きな人が見つかったことでオモチャへの執着が弱まり、大好きな人と一緒にいればオモチャのことを忘れるでしょう。大好きになられた人は、男児と離れる時には、断りを入れてその場を離れるように、「後追い」の卒業をする保育を行なうことです。

1ヶ月ほどしてからの報告では、その後、男児は担任と園長が**好きになり**、特に担任が**大好きとなり独り占め**して、担任は仕事ができなくなりました。そこで、少しの間だけ、担任に代わって園長や主任が保育に入り、男児に**「大好きな人が見つかってよかったね」**と声をかけるようにしました。そうしてから担任が保育すると、男児は**園長の膝に入って周りを見る**ようになり、保育に参加できるようになりました。

その後、数日前から担任1人で保育ができるようになったとのこと。

「安全・安心感覚」が働いている子どもであっても、初めての経験には、その子どもが何歳であっても保育者は予告したり、その場で寄り添ったりして、まず、スキンシップをとって、周囲を理解するように関わることです。

例えば、「初めて来た場所なの？ びっくりするのは当たり前よね」「あのお友達、遊び始めたね」「見ているだけでいいの？ それともやってみる？」などと言って、背中をさすったり膝に入れたりしてスキンシップをとりながら、子どもに関わってみることです。そうすると、子どもの緊張の緩みの感じや、動き出したくなっている様子を、保育者は感じ取ることができます。同時に、子どもの関心・様子に応じて、言葉でのやりとりを行なうことです。

そのように関わることで、子どもは少しでも早く状況判断をするようになります。そもそも行動範囲が広くなると、子どもには**「場所見知り」は起きるもの**です。**誰かが付き添って、子どもの関心に合わせて声をかけてあげる**ことです。やがて、子どもは1人で適切な状況判断をして、落ち着いた言動をするようになります。

## 気になる子ども③　いざとなった時、頼る人がいる

**〈子どもの現状の姿〉**友達を作れない。誰と遊んだらいいか分からない。人との距離の取り方が分からない。誰とでも遊ぶが親しい友達がいない。1人遊びが目立つ。友達を独り占めする。嘘をつきやすい。誰も自分のことを分かってくれない、等々。

**〈理解の仕方〉**満年齢で3、4歳になっても、誰と、どの程度の距離を取ったらいいのか分からないので、近づきすぎたり、距離を取りすぎたりしているのです。好きな人の中で順番づけができていなかったり、避けたい人の序列ができていなかったりしているのです。

ここの理解における一番のポイントは、**大好きな人（母親あるいは母親代わりになる人）に出会っていない**ことです。何があっても自分を1人にしないで、自分を丸ごと受け止めてくれる人がいないことです。2、3歳以降で「人見知り」が強いというのは、自分にとって良い人か悪い人かの判断に時間がかかると言えます。

今は人見知り・後追いを経験している子どもがあまり多くないようですが、本来子どもは生後6ヶ月頃から満1歳過ぎに、母親によって「人見知り・後追い」体験を経て、保育

施設に入ってきます。だから保育者が優しく迎え入れると、まもなく保育者との信頼関係も成立します。

しかし実際には、この体験がないままに入園している子どもたちがいるのです。そうした、大好きで見捨てられない人に出会っていない子どもに対して、保育者はどう関わったらいいかが課題となります。

**事例7：誰彼構わず抱きつく年中児の保育**

新年度になり、年中クラスのA君が、登園してくる他の子どもの母親に抱きつきに行くようになりました。年少クラスの頃も何人かの実習生に抱きつきに行っていたと聞いています。誰にでも抱きつきに行くので、「抱きついてはダメだよ」と何度も注意しましたが改善が見られず困っている、と担任から相談がありました。

怖い感じの女性や几帳面そうな女性でも抱っこを求めていくか聞くと、担任は一瞬考えて、「それはない」と。「抱っこしてくれそうな女性が共通している?」と聞くと、「それは、そうだ」とのこと。母親は仕事で忙しくしており、甘えさせてくれないようです。

そこで、私のこの年中児への理解を説明しました。A君は、年中になるまで親や保育者などの誰にもしっかりと甘えることなく生きてきて、何かをきっかけに甘えたくなったと思われます。抱っこをしてくれそうな人を選んでいるので、担任はA君に「甘えたくても誰も甘えさせてくれなかったかな？ 寂しかったね」「ごめん、注意ばっかりしていたね」と**謝って**、しっかりと抱き締めてみること。多分担任を好きになり、さらに大好きになり独り占めするようになるので、**しばらくの間、母親代わりとなるつもりで関わる**ことです、と助言・指導しました。

２ヶ月後の報告では、次のようでした。担任が抱っこをするようにしたら他の人には抱きつきに行かなくなり、やがて担任を独り占めするようになりました。

母親のお迎え時、母親に見せつけるように担任に抱きつきに行くようになりました。初め母親はA君を急いで連れて帰るようにしていましたが、A君がそれに抵抗するようになりました。

困った母親が担任に相談してきたので、「お母さんに抱っこしてもらいたいのだと思いますよ」「お母さんは忙しいだろうけど、まず、よしっと言ってぎゅっと抱き締めてみてください」と助言すると、母親は「仕事に夢中だったからいけなかったかな」と反省の弁でした。

その後、保育中にA君に聞くと、母親が抱っこしてくれるようになったとのこと。担任のことは引き続き大好きで何かと頼ってくるけれど、独り占めはしなくなり、自分から友達を求めるようになったとのこと。

**「いざとなった時、頼る人」がいないと思われる子どもの場合、保育者は、子どもの母親代わり（代理ママ）となる**ように、毎朝「○○ちゃん、大好き」と言いながら抱き締める関わり方を行なうことです。保育者を通して「人見知り・後追い」を子どもが体験するように関わることです。

代理ママでもいいので、「人見知り・後追い」を体験できると、子どもは聞き分けができるようになり、友達にも遊んでもらえるようになります。

この体験ができた子どもは、家庭では母親に甘えに行きますが、その時、母親に受け入れる準備ができているかどうかが、その後の人格形成の分岐点となります。

**子どもの変化・成長を認められる母親**は、抱きついてくる我が子を抱き締めることができます。母親自身に大好きな人に抱きついた経験がなくても、その経験が人にとって大事なことだと思っている母親は、抱きついてくる我が子を受け入れられるのです。

一方、**抱きついてくる我が子を受け入れられない母親**がいます。母親自身に誰かに抱きついた経験がなかったり、そのことの大切さが分かっていなかったりしていると、我が子が抱きついてきた時、思わず拒んでしまうことがあります。「大きい（お兄ちゃん、お姉ちゃん）から」「暑いから」などと言い訳をしながら、母親は拒むのです。

母親に受け入れられない子どもはショックを受け、怒りを覚えます。しかし、打ちひしがれた4、5歳の子どもを**代理ママが受け止めてくれると、それが支えとなって再度母親に心を向けていく**ものです。その時、保育者が、母親には「人見知り・後追い」体験がないこととその自覚がないことを思いやり、その母親（祖母）に受け止められないで生きてきたことに心を寄せながら支援することです。

保育者は母親に、「お子さんが甘えてきた時に、3回に1回の割合でいいから、よしよしと抱き留めるように頑張ってみて。できた時には報告してね」と言っておくことです。母親から報告があったら、保育者は少し大袈裟に「よくやったねー。偉かった。ハグしてどんな気分になったかな?」と母親に聞きましょう。母親にとっては初めての経験ですから、保育者に認められると、前向きになりやすいのです。保育者は、次も報告してねと繰り返して、母親が我が子を自然に受け入れられるようになるまで助言・指導することです。

**その途中で、子どもが進級したり卒園したりする場面に遭遇**することがありますが、保育者には気をつけることがあります。子どもにとっての見捨てられ体験にならないようにすることです。**保育者とのツーショット写真**を2枚用意し、子どもと1枚ずつ持って、「時々見てね」と言って別れることです。子どもの進級や卒園は保育者との別れとなりますが、大好きな人が母親に移行していない子どもに対して、**「見捨てないよ」「見守っているよ」というメッセージを残す**ことになります。

子どもは、母親のような女性もいるが保育者のような女性もいることを経験して、次の生活に入ることができます。そこで、保育者のような信頼できる女性に出会うことが期待できます。

## 気になる子ども④　言葉を使ってのやりとりが苦手

**〈子どもの現状の姿〉**語彙が少ない。表現力が乏しい。お話し・作文が苦手。会話が長続きしない。自己主張ができない。言うべきことを言えない。人により言動が違う。返事がしっかりできない。食事中に立ち歩きをする。トイレトレーニングが進まない。失敗することを怖がる、等々。

**〈理解の仕方〉**満年齢2、3歳であっても、**自分自身の言動を言葉で表す基本ができていない**ことになります。したがって、言葉で言われていることも、自分の言動に結びつけて理解できない可能性があります。その場限りの言葉を使っている可能性があります。何か思いはあるが、それを言葉で表出することができないとか、それをとにかく言ってみることに躊躇している場合もあります。自分の経験を言葉で表し、言われた言葉を理解して、言葉を使ってやりとりする基礎経験をしていないので、**口（言葉）より先に手足が出る**ことにもなります。

**事例8：呼びかけに応じない3歳児の保育**

外遊びをしていましたが、給食の時間が来たので、担任は年少クラスの子どもたちの傍に行って「給食だから手を洗ってお部屋に入りましょう」と呼びかけました。担任が周囲を見渡すと、砂場で遊んでいる子どもがいるのに気がつきました。

担任がすぐに入るように言っても、子どもは遊んでいるので、「皆が待っているよ。早くお部屋に行こう」と促して連れて行こうとしたら、子どもは手を振り払いました。

保育者は急いで部屋に戻りたかったのですが、子どもの傍にしゃがんで「お給食だよ、と言ったけれど知っているかな」と言うと、子どもは頷きました。「お砂いじりをしていたんだね」と言うと、子どもはスッと立って教室の方に歩いて行きました。

**事例9：年中児のAちゃんと交渉する保育**

年中の担任が、給食の時間が来たので、「みんな、お給食だよ。手を洗ってお部屋に入りましょう」と子どもたちに呼びかけました。ほとんどの子どもが手を洗って席に着きましたが、まだ遊んでいる子がいました。テラスから呼びかけても、子どもはお砂場で遊んでいます。

担任は、皆に「Aちゃんを連れてくるから、待っていてね」と言ってからAちゃんの傍に行くと、砂団子を作っていました。

担任が「お給食だよ、と言ったのは聞こえているかな」と言うと、Aちゃんは頷きました。「じゃあ行こう。皆が待っているよ」と促して連れて行こうとしましたが、Aちゃんは砂団子を作り続けていました。ここまでは事例8と同じです。

担任はその様子を見て交渉を始めました。「いくつ作ったら、お部屋に入れるかな」「3個」と。

「えっ、3個も作るの。皆が待っていられないよ。じゃあ先生のを1つ減らすから、Aちゃんも1つ譲ってよ。1つ作ってお部屋に入ろうよ」

するとAちゃんは「うん」と返事をしてくれました。

そこで担任は「先生は、先にお部屋に行くよ。1つ作ったらおいでね」と言って部屋に戻りました。皆には「Aちゃんは団子を3つ作りたいと言ったけど、1つずつ譲って、1つ作ることにしてくれるかなとお話ししたら、Aちゃん、分かってくれたよ。1つ作ったらお部屋に入る約束してきたよ」と伝えました。

部屋から様子を見ていると、Aちゃんは砂団子を1つ作って、他の砂団子と一緒にお皿にのせて大事そうにテラスまで持ってきました。そして手早く手を洗って、満足した様子で部屋に戻りました。保育者はAちゃんに「お約束守れて偉かったね」と言って、待ってくれていた皆に「ありがとう」と言って、配膳作業に入りました。

「言葉を使ってのやりとり」が苦手な子どもの場合、満年齢が何歳であっても大きな乳児と思って、子どもの言動を代弁したり実況中継するように、言葉で子どもに言ってみることです。例えば、「見たらほしくなったかな」「貸してと言わないで、黙っていきなり取ったね」などと、**子どもの言動を見て、保育者はそれを子どもに代わって、子どもに言ってみる**ことです。これを**「代弁」**と言います。

言い間違えていたり、言葉の理解が適切にできていなかったりしても、子どもが言おうとしたことを一旦受け止めて、すぐに正しい言葉を言うように求めないことです。「○○したかったのね」とか「本当は嫌だったかな」と、前後の様子から子どもの思いを推測して、子どもに言ってみることです。子どもはそれを聞いて、「うん」「うーうん」「ふうん?」などの反応をします。

この時の**返事をしっかり確かめること**も忘れないでください。頷いたり首を振ったりする反応と「うん」「うーうん」、「そうだよ」「違う」といった返事は自分の思いから出ていますので、**自己主張を促す**ことになります。その返事を聞いて、保育者は次の言葉を言ってみることです。

いきなり適切な言葉を言えなくても、そんな自分を保育者に受け入れてもらい、子どもは適切な理解や表現を学んでいくのです。発言に警戒心があると思った場合には、「言い間違えたり、聞き違えたりしていいよ」と保育者は言って、とにかくまず表現することを子どもに促すことです。

また、何かと思い通りにできなかったり、思いが先行して言葉より先に行動に出てしまったりすることがありますが、その時も、**まず、子どもの思いを尋ねてみる**ことです。「今、叩いたね」「見たら、自分も使ってみたくなったかな」などと、**一度は行動を起こしてしまった思いや行動を言葉で、保育者は子どもに言ってみる**ことです。

子どもが激しく怒ったり、激しく苛立ちを表したりしている時は、**第一声で「すごく怒っているね」**と繰り返し言ってみながら、興奮がおさまりかけたら「ものすごく頭にきて仕方ないのね」「すぐに貸してくれなかったから頭にきたのね」「ものすごく欲しかったのね」などと繰り返していると、落ち着きが出てきます。それを見て、「そろそろお話しできるかな」と声かけしてみてください。子どもが頷けば、「お話しできるところからお話ししてちょうだい」と声かけしていくことです。**保育者にいきなり怒られないと子どもが分かると、お話しをするように**なります。時には、自分の言い分をお話ししながら、子どもは突然「ごめんなさい」と言うこともあります。

「お話しできるようになったね」「もう間違えなくなったね。それでいいよ」などと、**失**

**敗から覚えるのも大切**であることを伝えます。例えば、「片手でコップを持ったね。そうしたら滑ってこぼれてしまったね。空いた手を、こうしてコップの底に添えるといいかな」など。

年齢2、3歳の頃、保育者にも親にも「いかにして、しつけるか」が課題となります。食事中に立ち歩きが見られる時、保育者は、まず、座って食べることを強要しがちです。この時期の子どもは、見るもの聞くものなどに関心を示して立ち歩きをすることもありますので、**まず、子どもの関心を言葉で表しながら**座って食べるように関わることです。

また、トイレのしつけでも、かつての布おむつから現在の紙おむつに変わってから、いつまでも紙おむつを使用していることが保育者や親には話題となります。紙おむつを使用していても、動きながら小便をすることはないでしょう。大便では、しゃがむ動きをしますので、**子どもの動きを見て**、出してからでも声をかけながらトイレに連れて行くとか、おまるに座らせてみることを繰り返すことです。

## 気になる子ども⑤　友達との遊びでトラブル

**〈子どもの現状の姿〉** 遊び相手に謝ることができない。自分の言い分を聞いてもらっていない。仲直りができない。なかなか許せない、等々。

**〈理解の仕方〉** ４歳以上の年中クラスの子どもであっても、**自分の気持ち・計画・予定を言葉で自覚したり、自分の考えを振り返ったりすることができていない**と理解します。自分だけでなく、相手がどんな気持ち・計画・予定を持っているかを把握できないと言えます。また、**自分に落ち度があっても謝ることができない**とか、相手が謝ってもいつまでも許せなくて、**仲直りの仕方が分からない**ことも考えられます。

**事例10：２人の４歳児が仲好く遊べるようにする保育**

４歳児の２人は一緒に遊ぶようになりましたが、トラブルが多くて担任は困っているという事例です。

Ａ君とＢ君は遊んでいる最中に、よくオモチャの取り合いなどをするようになりました。

Ａ君の泣き声が聞こえたので、保育者は２人の傍に行き、「先生がお話を聞くから」と言って、２人の間に入って制止しました。そこで、**トラブルの経緯を２人から聞きました。**

それによると、Ａ君がブロックを組み立てて遊んでいましたが、Ｂ君も近くでブロック遊びを始めようとしました。その時、Ａ君の後ろにあったブロックをＢ君が手に取ったところ、Ａ君が「僕の！」と取り返そうとしました。取られまいとしたＢ君は、Ａ君と引っ張り合いをした後、Ａ君を叩いたので、Ａ君が泣いたということが分かりました。

経緯を把握した保育者は、「Ｂ君はこのブロックを使いたかったの？」と聞くと、「うん、Ａ君の後ろにあったから」と言います。「Ａ君はどうして取り返そうとしたの？」と聞くと、Ａ君は「だって、僕が使うんだから」と言います。保育者は「Ａ君の後ろにあったけど、Ａ君は使うつもりでいたのね」と確かめました。そして、「Ｂ君は、Ａ君が使わないと思ったの？」と聞くと、Ｂ君は「そうだよ」と答えました。

保育者が「なるほど、**トラブルの経緯が分かってきたな**」と呟くと、Ａ君は突然「ごめん」と言いました。保育者がＡ君に「謝ったけど、どうしてかな」と聞くと、Ａ君はこう言いました。「僕がもっと傍に置いておけば良かった」。

そこで保育者が「なるほどね」と呟くと、今度はＢ君が「ごめん」と言ったので、保育者が「どうして？」と聞くと、B君はこう言いました。「貸してと言えば良かった」と。保育者が「なるほど、2人とも何に気をつけたら良かったか分かったかな。2人とも偉いね、仲直りできるかな」と言うと、2人とも「うん」との返事をして、2人で遊び始めました。

保育者は子どもたちの中に入って、**双方からトラブルの経緯を聞き出す**ことが重要です。叩いた子どもにいきなり「叩いたらダメでしょ」と言わないで、「先生がお話を聞くから、ストップ」と2人の間に入ることとです。**子どもの言動を再現したり、相手の言動を再現し**たりして、どこからズレが生じたかが分かるように、保育者が関わります。

その上で、自分に誤りがあったならその点については謝ることを説明して、謝ることを促します。謝ることができたら、それを褒めることを繰り返すと、自分で謝り、相手の許しを得て、仲直りができるようになります。

何歳の子どもであっても、友達とトラブルを起こした時には保育者が中に入って、双方から言い分を聞くことです。**トラブルの経緯が分かると、その中で行き違いが分かります**し、**仲直りのヒントも入っている**ものです。

**事例11：自分の思い通りになるB君をいつも従えている年中児A君への保育**

保育者は、２人で遊んでいる近くに寄って様子を見ていました。どうも年中児A君が三輪車を乗り回していて、交代しようとしません。

保育者が「楽しそうだね。２人で三輪車を漕いでいるね」「さっきから見ていたけど、A君ばかりが乗っているけれど、B君は乗りたくないの」と声をかけると、B君は首を横に振りました。保育者が「B君も乗りたいのね」と尋ねると、「うん」と頷きます。保育者はB君に「僕も乗りたいと言ってごらん」「もっと大きい声で、もう一度言ってごらん」と伝えました。

1人で三輪車を乗り回しているA君に「聞こえた？」と声をかけると、頷きました。しかし、保育者が「そろそろ交代しよう」と言っても乗り回していました。そこで、「A君、自分ばっかり乗っていると、B君は一緒に遊ばなくなるかもね。それでもいいの」「B君に嫌われるかもね」と言うと、A君はB君の傍に来て、B君に交代しました。

保育者はA君に「偉かったね。もっと乗りたかったかもしれないけど、自分ばっかり乗っていると、お友達に嫌われるよ」と言うと、A君は「分かった」と返事をして、B君に「もう1周してもいいよ。そうしたら交代ね」と言ったので、「偉い。交代して乗ろうね」と保育者が褒めると、A君はニコッとしました。

保育者はこのように何度か2人の間に入って、**それぞれの気持ちを確かめながら、どうしたらいいかを伝えた**ところ、B君の声が大きくなったし、A君も交代して遊べるようになりました。

**事例12：B君が謝っているのにそれを許せない年中児A君への保育**

A君とB君はよく遊びます。A君がブロックを組み立てていました。そこを通り過ぎようとしたB君の手がブロックに触ったようで、ブロックが崩れてしまいました。A君が「壊した！」と大声を出したので、担任は他の子との遊びを止めて、2人の傍に来ました。

担任は、トラブルの経緯を2人に聞いて理解しました。B君は壊すつもりではなく、たまたま手が触れてしまったそうです。ですから、A君に「ごめん」と謝っているのですが、A君は許すことができないようで、B君は困って泣き出してしまいました。

担任は「B君は悪かったと思って、謝っているよ。許せないの？ どうしてかな？」と尋ねるとA君は「わざとやった！」と言います。担任は、B君にもう一度、壊した時の様子を聞いてみましたが、わざとではないと思えました。

そこで、「A君はわざと壊したと思っているのね。今聞いたけど、B君は壊すつもりはなかったと言っているよ。たまたま壊してしまうことはあるけどね。そして、B君はしまったと思って、自分から謝っているよ。どうしたら許せるの?」と聞くと、A君は「1000回」と言います。「そんなに許せないことだったのかな。困ったなー」「A君が失敗してもなかなか許してもらえなかったことがあるのかな」と言って、担任は2人の様子を見ました。

B君がさらに「ごめん」と言ったので、担任はすかさずA君に「あと何回ごめんと言ったら許せるの」と聞くと、A君は「10回」と言います。B君に「どうする?」と聞くと、B君は「ごめん」と言い始めましたが、3回言った時に、A君が「もういいから」と言いました。

担任は、「A君、もう許せるの」と確認すると、A君が頷いたので「偉いね」と褒めたところ、B君の表情も一気に明るくなりました。

このように、**「ごめん」と言ったらすぐに許せるとは限りません**。壊されたことがよほど悔しいのか、過去に自分が謝ってもなかなか許してもらえなかった経験があると、謝ったからといってすぐに許せるとは限らないのです。

「友達との遊び」でトラブルになる場合、その子どもが何歳であっても、**保育者が2人の間に入って、双方の言い分・思いあるいはトラブルまでの経緯を聞く**ことです。トラブルの経緯を聞くと、どこで思い違いや言葉足らずが生じてトラブルに発展したかが分かります。保育者がその経緯を2人の前で再現すると、**子どもは保育者に自分の言い分が分かってもらえるし、相手の言い分も知ること**ができます。

そこで、どうしたらいいかを一緒に考えるようにします。子どもたちで考えられなかったら、保育者がどうしたら仲好く遊べるか提案してみることでしょう。**保育者のトラブル再現で、子どもはお互いに謝ったり、それを許し合ったりして、仲直り**ができます。

自分に落ち度があると分かれば、自分から「ごめん」と言うことができます。この時、自分がどうすれば良かったかが分かると、それぞれが自分から「ごめん」と言うことがあります。

また、相手が謝っているのに許せないなら、許せない気持ちを保育者が取り上げて、どうしたら許せるか一緒に考えてみることでしょう。

## 「不適切保育」していないか、とオドオドしていないかな？

### ――「不適切保育」と求められる改善策

近年、園児には**「心の育ち（発達段階または人格の形成段階）の格差」**が生まれています。満年齢を基準にして発達段階を見ると、年齢相応の発達の姿と実際の発達段階との間に、育ち方の開きが大きくなっている子どもが増えています。

例えば、本来の5歳児クラスは、「喧嘩をしても自分たちで仲直りできる仲好しができる」段階まで育っている子どもたちで構成されているものです。そんな仲好しが増えて、互いが仲好しの3人で遊ぶことができるようになりたい子どもたちで構成されています。この前提で、保育施設では30人の子どもに対して1人の保育者が配置されています。

しかし実態は、年長クラスでも、甘えることを経験していない子ども、誰彼構わず甘えていく子ども、誰かを独り占めして他の子と遊ばせない子ども、思い通りにならないとカッとなり言動が荒れる子どもがいます。大好きな人に出会っていないので、先生の話が耳に入らず、自分勝手に動く子どもがいます。その同じ部屋に、対等な2人遊びや対等な3人遊びができる子どもがいる状態です。年齢相応に育っている子どもの割合が半数以下になっているクラスも珍しくありません。

このような実態で担任が従来の年長向けの保育計画を立て、クラス全員で集団活動しようとしても、まとまって活動することは難しいのです。年長だから難しいのではなく、0歳、1歳で入園してから年長になるまでずっと満年齢での保育を受けているので、**発達段階と満年齢での姿にギャップが生じている子どもがいる**からなのです。**満年齢での保育計画を立て、それを実施することで良し**とし、積み重ねているから、満年齢が上がるほど「育ちの格差」が生じることになります。

年長クラスを例に挙げましたが、年少クラスでも似た傾向が出ています。満3歳だと、微笑むことができ、人見知り・後追いを経験して、言葉を使ってやりとりができ、大人との間だけでなく同世代でも譲ったり譲ってもらったりを経験する時期です。そうした子どもたちですから、オモチャの取り合いが起きて当たり前の状態です。保育者はその場面に介入して、仲好し2人遊びができるように関わる必要があります。この前提で、保育施設では概ね20人の子どもに1人の保育者が配置されています。

しかし実態は、くすぐって抱き締めて感情が動くようになり甘えられるようにする必要のある子ども、甘え不足で甘えたい子、大好きな人を見つけて基本的信頼関係を経験する必要のある子ども、言葉を使ってやりとりしたい子ども、先生とばかり遊びたい子どもなどで構成されています。

このように、どの年齢クラスでも、育ち方に差のある子どもたちで構成されています。しかも、満年齢相応に育っている子どもの割合が、半数以下であることが珍しくないのです。中には、「年齢相応に育っている子どもは転居した子どもだけかもしれない」と言う保育者や、「新入園児のほとんどに対して、まず、くすぐって抱き締める関わり方を行なって、甘えられるようにすることから取り組んでいる」と言う保育者もいます。

このような実情ですから、担任は、一年の終わりに満年齢に相応しいクラス状態にしようとしないことです。園長以下周囲の保育者も、満年齢に相応しいクラス運営を担任に期待しないことです。

**卒園するまでに、一人でも多くの子どもが入園時よりも発達段階を上がるように、連携プレーに取り組む**ことです。

卒園するまでに、生涯にわたる人格形成の基礎を少しでも培うように保育を実施するビジョンを持つことです。

こうした「育ちの格差」が生じており、満年齢での保育を実施できなくなっている保育の実態を適切に捉えた上で、保育者は問題解決に臨む必要があると思います。

近年、「不適切保育」が報道されるようになっていますが、**不適切保育をした人と不適切保育を受けた子どもから目を逸らさない**で、問題解決する取り組みが必要です。

不適切保育をしたことは、決して許されるものではありません。子どもをはじめ関係者に謝ったり、その園を辞めたりすれば許されるというものでもありません。特に現在は保育者不足なので、保育資格を持っている人を雇いたいと思っている保育園やこども園、幼稚園などは多数あります。実際に、不適切保育が問題となって辞めた保育者が、まもなく他の園で採用されている話を耳にしています。転園すれば、不適切保育者が不適切保育をしないだけでなく、適切保育ができるようになるのでしょうか。

また、保育者が子どもたちに絵本を読む時、落ち着きなく動き回る子どもに注意したり、お座りするように指示したりしますが、それに従わないことがあります。つい声が大きくなったり、加配保育者（通常の人員配置に加えて置かれる保育士）に後ろ抱きで座らせてもらったりすることがあります。こうした関わり方が不適切な関わりとなるかどうかの判断は誰がするのでしょうか。給食の時、おしゃべりばかりして食が進まない子どもに何度も食べるよう促しますが、他の子どもが食べ終わってもまだ食べ終えることができない時、保育者がその子どもを部屋に1人残して隅で食べるように取り計らうことがあります。これは不適切な関わり方でしょうか。

研修会で、こういった類の関わり方は不適切な関わり方となると教えられます。参加した保育者の中には、子ども中心の保育とか、子どもの自主性を重んじる、といった考え方を持ち出して、その子どもに任せることがあると言う人もいます。その時の保育者の姿勢は、放任状態となる気がしますが、できるだけ子どもに関わらない方がいいと考え、**自由というか放任の状態**にしている保育者がいると聞きます。

「不適切保育」の解決において最も重要なのは、**不適切保育を行なった者が適切保育を行なえるようになること**です。決して不適切保育をした保育者を隅へ追いやることなく、見捨てることをしないことです。まるで犯罪者のようにレッテルを貼って、その園から排除すればいいのではありません。

それは、不適切保育を行なった保育者のためだけでなく、適切保育ができるように、誰がどのように関わると良いか、保育に携わる全員が取り組むべき課題であると考えるからです。

同時に重要なのが、**不適切保育を受けた子どもに対して、誰がどのように関わると子どものトラウマが消え、健やかな育ちが始まる**ようになるかを考えることです。不適切保育者から子どもを離すことだけでは済まされないのです。子どもに関わる新たな保育者を配置することで、傷を負った子どもは救われるでしょうか。新たに担当となった保育者は、傷を負った子どもをどのように理解して、どのように関わったらいいでしょうか。

この解決にあたり、賃金のアップとか働きやすい職場環境にするとか配置基準の改正などの改善策も挙げられています。しかし、その中には、子どもが健やかな大人になる道筋と発達を促す関わり方が取り上げられているでしょうか。

改善策の中には、すでに実施されているものもあります。その場合は、改善策によってどう改善されているか、子ども一人ひとりの健やかな成長にきちんと寄与しているか検証する必要があります。他にも、保育者を加配するとか、複数担任にして取り組むとか、様々な取り組みが改善策として行なわれていますが、その取り組みが、**一人ひとりの子どもの「生涯にわたる人格形成の基礎を培う」ことに繋がっているかの検証**が必要です。

不適切保育を受けた子どもにどう関わるのかは、欧米諸国や開発途上国を含むほとんどの国が抱えている**「人類の課題」**と考えます。この解決に参考となる取り組みを行なっている国があるでしょうか。人類は物的幸せを追求しているうちに、マルトリートメント（不適切な養育）、不適切保育、不適切指導などの解決にあたり、**子どもを健やかな大人にするための関心を見失ってきている**のではないかと思われます。

一方、広く保育界を見回すと、**「適切保育」に取り組んでいる保育者や園があります。**それらを、探すことです。仮に「適切保育者」あるいは「適切保育を行なっている園」が見つかったら、そこに学ぼうとすることです。個人の粗探しをしたり、園の粗探しをしたりして、不愉快を振り撒かないようにしたいものです。

「不適切保育」があるということは、一方で「適切保育」があるということです。「適切保育」を取り上げていないことにも問題があるかもしれません。**「適切保育」を明確にすることが重要です。**

それには、「適切保育」を行なっていると思われる保育者、不適切保育を行なっていた過去があるが、今では「適切保育」を行なえるようになっている保育者、そうした保育者を管理・運営している園に学ぶことではないでしょうか。

## 事例13：不適切な関わり方をする保育者への保育を通しての援助

ある園で保育者の欠員ができたので募集したところ、採用に至ったのは保育者Aさんです。しばらくして、一緒に保育している保育者BさんとCさんは、Aさんに関して頭を抱えることばかりで、2人で園長に訴えました。Aさんの指導に困った園長から相談がありました。

例えば、Aさんは外へ散歩に出かける時、子どもたちを乳母車に乗せて横断歩道を渡るのですが、横断歩道のないところで、しかも車が近づいているのに横断しようとするので、慌てて止めたそうです。他にも、子どもの安全配慮に欠けることがたくさん挙げられ、子どもよりAさんから目が離せないと言います。笑顔をあまり見ないし、緊張感のあるような方だそうです。

そこで、「Aさんを普通の大人だと思うと、信じられない行動に出て、頭にくることは当然でしょう。**Aさんを大きな乳児と見て**、関わることでしょう」とひとまず助言しました。子どもたちにとってAさんには甘えられるだろうかと投げかけると、子どもがAさんをくすぐるとAさんは上手に避けるそうです。欠員の補充が難しいので、簡単に辞めさせることはできないそうです。

Ｂさんたちには、子どもたちとくすぐり遊びをしている途中で、子どもたちにＡさんを誘うよう働きかけてみてはどうか、と伝えました。Ａさんがくすぐりの輪の中に入ったら、子どもたちにくすぐるように声かけしながら、Ｂさんたちもくすぐりに参戦したらどうか。くすぐり遊びの楽しさの中にＡさんを入れるようにしてはどうか。Ａさんがくすぐりを拒みながらも受け入れるように関わってみることでしょう、と助言・指導してみました。

当初、ＢさんとＣさんの２人は「大人の育て直しなんてできないし、とても難しい」と言っていましたが、頭では分かってくれたようで、とにかくやってみますという言葉を聞いて別れました。Ｂさん、Ｃさんは共に子どもの育て直しの経験は重ねており、その応用でできるだろうと思っていました。

数ヶ月後の園長からの報告で、**Ａさんには笑顔が見られる**ようになってきているし、ＢさんとＣさんからの苦情も減ってきたと聞きました。

子どもに対するＡさんの行為は不適切な関わり方であると思いますが、Ａさん自身に笑顔が出てきていると聞いて安堵したものです。不適切保育者は、不適切な関わり方をされて大人になっていると思います。**大人になってからでも、適切な関わり方をしてもらえれば生まれ変わる**ことができる事例であると思います。

採用して半年後には、これからも勉強しますので続けさせてくださいと、自分から園長に申し出があったとも聞きました。

## 「適切保育」はどうしたらいいの？　――保育の重要性を心がけよう！

「不適切保育」と言うからには、理屈っぽいかもしれませんが、「適切保育」があるということになります。この園に我が子を入れて良かったとか、先生に我が子を保育してもらって良かったとか、親の私にも勉強になったとか、保育者や親からの言葉に注目することが「適切保育」の一つのヒントになります。

**親や保育者など大人には、子どもが健やかな大人になるように関わる責任**があります。そのように関わって保育をすればいい、とも言えるのではないでしょうか。

保育指針や教育要領の改正は何度も行なわれていますが、総則では一貫して乳幼児期の保育の重要性を謳っています。保育では、園児の「生涯にわたる人格形成の基礎を培う」ことと謳っています。ほぼ年齢ごとにその年齢での発達の全体像が表されていますが、**その年齢では何が「生涯にわたる人格形成を培う」ものとして重要**であるか、それを明示する必要があります。その年齢での発達の姿で中核となる経験を明示し、**そのための関わり**

**方を明示**する必要があります。それが明示されていないと、保育者は「気になる子ども」の発達段階を見ることができないからです。

それは、乳幼児期だけで取り上げる内容ではありません。思春期から老年期までの人格の形成となる基礎経験であるからです。

諺の「三つ子の魂百まで」とか、「一つ、二つの『つ』のつくうちの子育て」は、3歳まで、あるいは**乳幼児期の経験が生涯にわたって重要な経験である**と謳っていると言えます。それらは一般的に人の知恵として、いつの時代からか分からないけれど伝わっているものと理解しています。医学、心理学、保育学など専門分野だけで言われていることではありません。

保育指針や教育要領では、その年齢での健やかな発達の全体の姿を示していますが、残念ながらその中で**「生涯にわたる人格形成の基礎」となるもの（節目・発達課題）**を謳っていません。だから、「気になる子ども」の保育に役立てることができないのです。

例えば、甘えることを経験していない2歳の子どもには、2歳児の保育を計画するのではなく、まず、甘えることを経験する保育計画を立てることです。保育者は、それを保育時間中のどこで実施するかを計画し、実施することです。

とにかく、子どもの発達段階を踏まえた保育計画を立て、実践し、検討を行なっていく保育をすることです。

その上で、提案します。赤ちゃんから大人への道筋として私が提唱する、

**7つの発達課題を繰り返して大人になるという「三段階人格形成論」**

という「育ち」のメソッドを参考にすることです。特に「気になる子ども」の生涯にわたる人格形成の基礎を培うにあたって、参考になる発達論、人格形成論があれば、それを参考にして実施することを薦めます。

# 赤ちゃんが健やかな大人になる道筋を知っておこう

## ――「二段階人格形成論」と7つの発達課題

一般に言われている発達論は、

0歳から18歳あるいは20歳にかけて、右肩上がりで成長・発達していく

というものです。これは、初めから順に健やかに育っていく姿（節目、指標）を表しています。その時、どのように関わると、次の発達段階に到達するのかについてはしっかりと取り上げられていません。しかも、ほとんどの理論が、乳幼児期に経験する節目を表しているもので、生涯にわたった発達論は見当たりません。

アメリカの発達心理学者E・H・エリクソンは、乳幼児期から老年期までを右肩上がりの理論で表しています。他に乳幼児期から生涯を取り上げている発達論はあるかもしれま

せんが、一般に知られているものは見当たりません。

思春期を取り上げている他の発達論を見ると、人の一生とのスタンス（年齢幅）で、その基礎となる節目を表している発達理論あるいは人格形成論が見当たりません。

保育者や親が必要としている発達論は、**生涯にわたる人格形成の基礎となる具体的な節目**です。そのためにどのような環境を用意して、保育者や親が**どのように関わる**といいかを、保育者は知りたいのです。それがあれば、「気になる子ども」の発達段階を見立て、発達を促す関わり方を行なうことができるのです。その結果、「気になる子ども」も育ち直る過程に入ることができるのです。

子どもの表す問題行動や問題症状は、人格形成の視点から捉えると、ある日突然に現れるのではありません。ある発達段階から適切な関わり方をしてもらえなかったから、その歪みが、ある時、親や大人が気になるほどになって現れたものと考えます。

**世の中には、人生をやり直して、社会の中で普通の人と共に生きている人**がいます。普通に生きているといっても、いろいろな姿で生きています。出会った人の中から、3つの事例を紹介します。

## 事例14：母親から虐待を受けていると知った教え子の一人

本人が成育歴を語らなければ、過去から未だにそんな経験をしていたとは思えない学生に出会いました。幼少期から母親に虐待されているという学生でしたが、どこを見たらそんな苦労をしていると見抜けるか分かりませんでした。

彼女によると、幼少時代、冷え込む冬場に裸同然で家の外に出された時、隣に住んでいるおばさんがすぐ出てきて、毛布で彼女を包み、家に入れてくれたそうです。温めた牛乳を飲ませてくれたことを覚えていると言います。就職が決まったら、そのおばさんが就職祝いにハンドバッグを買ってくれたそうです。

高校時代に出会った友人が親友となり、彼女は自分みたいな過去を持っている子どもの力になりたい、と保育の道に進むことにしました。

保育実習の報告を聞いた時、彼女の苦労の一端が分かりました。彼女は、朝は誰よりも早く実習園に出かけ、最後に園を出るようにしていたそうです。後日分かったことですが、家にいたくなくて、毎日、朝早く家を出て、夜は図書館の閉館までいて帰宅していたそうです。

就職して1年が経とうとした時、風邪で休んだ後、彼女が引き続き休みが続いたことがありました。園長が不審に思って、主任が彼女の相談に乗ったそうです。その後、園長が作った夕食を3人で食べましたが、彼女が「皆で食事をするって、美味しいですね」と言うのです。園長としては彼女がお腹を空かしているだろうと思って、有り合わせでとりあえず作った食事でした。それをそんなに感動して食べてくれることに驚きました。彼女は4人家族で、「母親が作った食事を、各人で個別にとっている」と呟いたそうです。

その後数年経って、母親が彼女に謝り、家族旅行をしたと聞きました。詳細は分かりませんが、家族皆で旅をして、皆で食事もして美味しかったとのこと。それを聞いて、彼女の母子関係が改善されたことを喜んだものです。

虐待を受けた子どもが親になった時、我が子を虐待していない事例が何割かあるという調査結果がいくつか発表されています。繰り返している親もいれば、繰り返していない親もいますが、この違いをどう考えたらいいでしょうか。

一般的に虐待は、いち早く発見し、適切な防止措置をとることになります。発見した時にはそれも大事なことですが、**虐待を受けた子どもが親になった時に繰り返さないようにする**にはどうしたらいいかが問題です。この事例のように、**仮に虐待を受けていても誰かがかわいがってくれると、親になった時、同じように虐待しない**と言えそうです。

**事例15：いじめられた経験を持つ親の子どもがいじめで不登校となった**

中学2年生の息子が2学期から不登校になったのは「担任の先生からいじめにあったから」と、両親および学校から相談を受けました。

男子生徒の父親から「担任によるいじめがあったことは、学校に内緒にしてほしい」と依頼を受けました。担任によるいじめの内容を親に聞いてみたのですが、「いじめだ」と言うだけで、場面を再現できませんでした。

担任に事情を聞くと、宿題の提出において感想文の表紙がなかったので、提出するように指導して、表紙の提出を受けました。しかし、本文と表紙の字体があまりにも違っていたので、どういうことなのか生徒に説明を求めたのですが、あれこれ聞いても生徒は黙ったままであったとのこと。

親との面談では、保育園時代、小学校時代にも友達とふざけて乱暴をしたことがあるけれど、息子は自分の気持ちを言うことがなくて、親が謝って始末したことがあったそうです。また、両親それぞれの子ども時代にいじめを受けたことがあった、と言います。

私は、息子の課題として、都合の悪い時には黙ってしまい、自分なりの気持ちを言えないことだろうと理解しました。**不登校で家庭にいるうちに、息子が気持ちをしっかりと親**

**に言えるように関わってみる**ように、両親に助言しました。

しかし、父親は私の知らないうちに、他の相談機関で「学校で息子が先生からいじめにあっている」と相談していました。中学校の知るところとなり、私が学校に父親からの訴えを内緒にしていたことが明るみに出ました。

私は母親の相談を受け続け、**母親は家庭で息子が自分の気持ちをしっかり出すように関わって**いました。そして、息子が家庭で言動が一致するように関わっていたら、母親の送迎で夕方登校ができるようになりました。はじめは、登校した旨を母親が職員室に伝えていましたが、しばらくすると、息子本人に伝えさせて母親は車で待つようにしました。

その後の本人との面談に、男子生徒が見違えるほどの姿で現れたので、私は驚きました。中学3年生になって、男子生徒は自力登校するようになりました。

少なくともこの時点では、**母親と息子は気持ちをしっかり出す時には出すことができる**ようになっていて、いじめを乗り越えたと思います。母親も息子も、自分の気持ちを言えるように育ち直っていったと思います。息子が同級生たちとともに卒業しても両親から何の音沙汰もなかったので、父親は発達課題を抱えたままでいるだろうと思います。

## 事例16：虐待をされていた大人（養父）が虐待を繰り返したが反省した

同僚相談員からの相談でした。再婚する時、相手の男性（のちの養父）が、「（女性の）子どもが小学生になって苗字が変わってはかわいそうだから」と、自ら婿養子として女性の籍に入る形を取ったそうです。その男性が、小学生になった女性の息子に身体的虐待を行なっているということで、学校や地域の人がいくら止めるように言っても一向に止めないので困っている、というものです。

男性が婿養子になるというのは一般的ではありませんが、それを行なっているということは、男性なりに子どもの幸せを考えていると言えます。その養父が虐待するというのは、養父が幼少時代に叩かれて育ったのではないか。叩かれて痛かっただろうに、養父はそれを忘れて、「しつけ」と思って行なっている可能性があると推測しました。

だから、私は仲間に「養父と世間話をしながら養父の幼少時代に話を持っていければ、その中で叩かれて育った過去を知ることができるのではないか。もし叩かれたことが分かったら、その時、養父はどう思ったかを聞いてみてください」と助言しました。

後日、次のような報告がありました。荒々しい養父でしたが、腰を据えて世間話から幼少時代に話を移すと、叩かれて育ったと言いました。そこですかさず「その時、痛くなかった？」と聞いたら、養父の態度が一変。「あんな痛いことを息子にしていた。悪かった」と言ったそうです。

それから１週間ほど学校や地域の人から何の連絡もありませんでしたが、同僚相談員が息子の様子を心配して学校に電話をすると、学校も近所の人もどうなっているかと思っているとのこと。子どもは、明るい表情で元気に登校しているとのことでした。

この事例では、ひとまず、**虐待された幼少時代のあった養父ですが、当時を思い出して、自分が痛かったことを忘れていた**ことに気がつきました。養父による虐待は収まりましたが、その後、この親子がどう育ち直っているかは追跡していません。

登園しぶり、不登校は、登園、登校すれば問題解決と見るのでしょうか。親による虐待は、親が子どもを虐待しなくなれば問題解決と言えるでしょうか。いじめ問題では、いじめをしなくなれば、あるいはいじめを受けなくなれば問題解決と言えるでしょうか。

当面は良くなったと言えますが、大人になった時に繰り返さないように考えて取り組むことが重要だと考えます。

「気になる子ども」の保育には、**生涯にわたる人格形成の基礎となる節目や指標**と、**次の**

**節目や指標に向かうための関わり方**が、保育者に必要です。発達の節目や指標と関わり方を表している人格形成論あるいは発達論が必要です。仮に人格形成が途中で足踏みしても、足踏みした発達課題から次の節目や指標に向かうための関わり方をしてもらえれば、「気になる子ども」の育ち直りに役立つのです。

したがって、生涯にわたる人格形成の基礎を具体的に提示して、どう関わると発達が促されるのかを提示している発達論、あるいは人格形成論が必要と言えます。

## 「二段階人格形成論」を創造して、相談、援助活動に活用

私が「二段階人格形成論」を創造する契機となった1つ目は、継続相談を重ねて、親子関係がうまく改善されていった事例が増えてきたことでした。

2つ目は、酒害者の会で酒害者が「酒は身内」と言う人と「酒は友達」と言う人がいることに気がついたことです。一人ひとりに聞いて回ったところ、初めから「酒は友達」と言う人はいませんでした。初めは「酒は身内」であったが、こんな自分でも心配してくれ

る人がいると酒害者自身が気づいた時、不思議なことに「酒は友達」になるそうです。

３つ目は、精神障害者から聞かされた話です。それは、自分たちには「猿の世界」と「人間の世界」があって、「猿の世界」では自分自身がどうなっているか分からないので、仮に注射を打たれて強制的に精神科病院に入院となっても仕方がないと言います。一方の「人間の世界」には、「病院の生活者」「家の生活者」「社会の生活者」がいます。自分は今、「家の生活者」と「社会の生活者」の間にいるがどうしたら「社会の生活者」になれるかと問われた私は、答えを宿題にしてもらったことがあります。このことで、精神障害者自らが「人生はやり直せる」と語っていると理解しました。

そこで、これら3つのことを踏まえて、それまでのカウンセリング事例やケースワーク事例をもとに、そもそも健やかに育っている人、うまく改善していった人や中断した人について、**赤ちゃんから大人への成長・発達の視点で考える**ことに取り組みました。

その結果、０歳から９歳までの「原体験期」と、９歳頃から20歳頃までの「自己客観期」で、

①生きている実感（微笑み現象）

②安全・安心、身を守る感覚（場所見知り）

③私は私、一人ではない（人見知り・後追い）
④言葉を覚え、言葉でやりとり（自己主張）
⑤譲ったり譲ってもらったり、仲好し（交渉）
⑥対等な3人遊び（健全ないじめ現象）
⑦学習・勤労、畏怖心（世界観・宇宙の中の私）

という7つの発達課題を繰り返し達成することで、「これが私」と自覚して大人になるという考えに至りました。そこで、**7つの発達課題を繰り返して大人になるという「二段階人格形成論」**を創造し、命名しました。0歳から20歳にかけて右肩上がりの発達論ではありません。

この人格形成論には、「生涯にわたる人格形成の基礎」を具体的に表しました。今では死語になった感じの「一つ、二つの『つ』のつくうちの子育て」や、諺「三つ子の魂百まで」の「三つ子の魂」を具体的に表したと言えます。

人は、生まれてから適切にかわいがってもらったら、9歳になる頃には生涯にわたる人格形成の基礎を培うことになります。9歳以降はその経験を客観的に自己理解する作業を行なって、大人になったとの自覚が持てるというものです。

仮に、乳幼児期に適切な関わり方をしてもらえなかったとしても、**何歳からでも、経験不足の乳幼児体験を経験する**と、生きる元気が出てきて、人は育ち直ることが説明できるようになりました。

**経験内容が大切ですから、何歳からでも人生のやり直しはできる**ことになります。子どもはできるだけ早い年齢で、何を経験するといいか具体的に表しました。

家庭生活で人としての基礎を培うことができなくても、**保育で補足的に培う**ことができます。ここに、**保育の重要性**があると言えます。

これにより、問題行動や問題症状を表しても、その時までに人としてどの段階までの基礎を培っているかにより、その後の関わり方が変わってくるものです。問題解決にあたり、より基礎となる乳幼児体験を経験していれば経験しているほど、大崩れすることは少なく、育ち直りも早くなると言えます。

仮に、問題行動や問題症状が再発するなら、それは課題の達成が数値で表されるものでなく可視化が難しいので、判断・見立てでミスが起きた結果であると考えます。**気がついた時機から、不足している乳幼児経験を経験できるように誰かが関わる**ことで、悩んでいる人は生きる元気が出てくると言えます。

## 「7つの発達課題」とは

一般的には、胎生期から大人になる発達過程を、右肩上がりで考えています。

しかし私は、①生きている実感（微笑み現象）②安全・安心、身を守る感覚（場所見知り）③私は私、一人ではない（人見知り・後追い）④言葉を覚え、言葉でやりとり（自己主張）⑤譲ったり譲ってもらったり、仲好し（交渉）⑥対等な3人遊び（健全ないじめ現象）⑦学習・勤労、畏怖心（世界観・宇宙の中の私）という7つの発達課題を繰り返し経験して、健やかな大人になると考えま

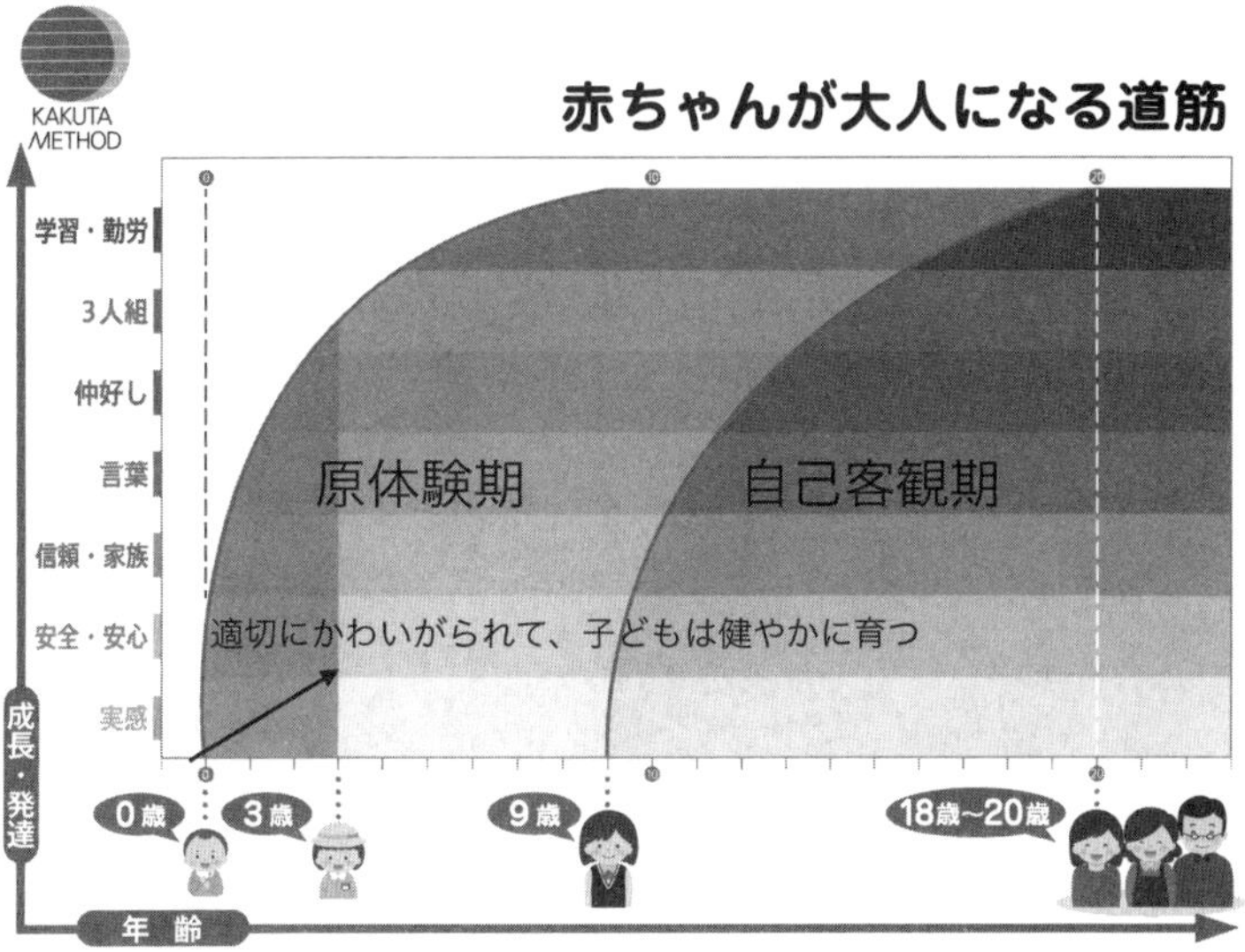

した。

これによって、胎生期から9歳頃までの経験が、「生涯にわたる人格形成の基礎を培う」ことになります。これを**「原体験期」**と名付けます。

9歳頃からは、その経験を自己客観化する作業を行なって、「これが私」と自覚した大人になります。この時期を**「自己客観期」**と名付けました。

この考えに基づけば、諺の「三つ子の魂百まで」とは、3歳までの経験が100歳までの人の「人」としての基礎として大事なことだと表していると言えます。「一つ、二つの『つ』のつくうちの子育て」と聞きますが、この知恵は、9歳頃までの経験内容が大切だと言っているように思います。

特に**思春期以降の問題行動や問題症状を表す人を理解する時**に、その生涯にわたる人格形成の基礎として、**原体験がどの段階まで経験できているか**という視点で見立てることができます。そして、**未経験な原体験を何歳からでも経験できれば、人は生きる元気が出てくる**と理解ができるのです。

例えば、13歳で不登校となったら、13年の育ちの結果なので、登校するには最低でも13年、あるいはそれ以上の年月が必要とも言われていました。これは、右肩上がりの発達論を元にして語っていると思われます。

不登校の母親を継続カウンセリングした私の経験では、母親による子どもの育て直しに取り組めば1年から2年ほどで育ち直り、自力登校する事例がいくつもあります。

その理論的な説明は、「二段階人格形成論」で説明ができるのです。それでは、「原体験期」における7つの発達課題とはどういうものでしょうか。

## 原体験期（乳幼児期）：胎生期から9歳頃まで

### 〈第1課題〉生きている実感（微笑み現象）

**概ね胎生期から生後3ヶ月頃の発達課題**です。赤ちゃんは、慈愛に満ちた母親のお腹の中に十月十日います。**母親に歓迎されているる**と、赤ちゃんは生まれ出るまで気持ちよく順調に過ごせることになります。

赤ちゃんは、この世に生まれ出て、オギャーと泣いて肺呼吸が始まります。**親をはじめ関係者から歓声をもって**迎えられます。主に母親からいちいち声をかけてもらいながら、抱かれたり、母乳やミルクを飲んだり、排泄したりします。ほとんどは安心して眠る生活です。

心地よく過ごした赤ちゃんは、生後3ヶ月頃には目が合い、あやすと微笑むことができるようになっています。身体的には首が据わります。泣いたり微笑んだりして、喜怒哀楽の感情を表せるようになっています。また、母親だけでなく父親や家族や近隣の人などに抱かれて、さまざまな抱かれ心地を経験することでしょう。

**何事にも感情の動きが伴いながら、生きていることを実感**することが重要です。赤ちゃんは、いちいち世話されて生きていることを実感しています。命があること、死んではいないことを実感するのです。横抱きされて移動していた赤ちゃんは、自分自身で出歩くことは限られています。少ない移動の中で、見る景色にも適応していくことになります。

この世に誕生した後、赤ちゃんが緊張状態にあると、心の動きが止まっていることになり、ただ生きているだけになる恐れがあります。その結果、赤ちゃんの心に残るものがなくなり、思い出に繫がらないと思います。就学前のことは何も思い出せないとか、中には小学3年頃まで何も思い出せないという子どもにも会いました。

思春期以降の子どもとの相談事例で、「生きている実感」を人生で初めて分かり始めた人がいます。この場合には、母親のようにこまめに関わることが必要な時期があります。**「生きている実感」が持てることは、その後の生涯にわたる人格形成の最初の基礎**となると考えます。

乳幼児期（原体験期）であっても、5、6歳頃になると「死にたい」とか「（親に）殺してくれ」と訴える子どもがいます。保育者がくすぐって笑えるように関わると、子どもは表情が生き生きして明るさが出てきます。しきりに抱っこを求めるようになり、フィットト感が持てるようになります。

「死ね！」とか「殺す！」と暴言を吐く子どもも、言ってはいけないことだと言わせないようにさせると、中指を立てて誰かを侮蔑するようになるのではないでしょうか。子どもをくすぐって笑えるようにすると、暴言を吐かなくなり、甘えられるようになるといった成長ステップを歩むことになります。

思春期（自己客観期）以降になって、自殺企図、厭世的訴え、精神病症状、人を殺したいなどと訴える人がいます。継続的に相談に乗っていると、**「シーツ遊び」**（131頁参照）によって胎児期から気持ち良い体験をした後、生きていることを実感する瞬間に出会うことがあります。

育児で悩んでいる母親が、電話相談中に突然「怖い！」と叫びました。よく聞いてみると、初めて怖いと思ったと言います。この母親は「怖い！」と実感した後、生きる元気が出てきたし、出産して、子育てが楽しいと言うまでに育ち直っていきました。

別の事例で、統合失調症と診断が出ている女性がいます。2人目の出産直後から精神科病院に入院しましたが、やがて通院となりました。それによって「病院の生活者」と「家の生活者」になり、施設に預けていた子どもを引き取りました。家族4人での生活となり、生きている実感を持って、自動車の運転免許を取るまでに至った女性もいます。

喜怒哀楽の感情が動くことで、生活経験に感情が伴うことになり、その後の人生において思い出が豊かになります。

「生きている実感」の大切さは、精神障害者や発達障害の人たちからも学びました。精神障害者へのデイケア活動が4年目に入った時、通院加療中の青年から次のような興味深い話を聞かせてもらいました。

「俺たち精神障害者には、『猿の世界』と『人間の世界』があります。何かをきっかけに、『猿の世界』から『人間の世界』に入ると、『(自分は) 生きているんだ』とか『天井が下りてきて潰されそうになり、怖かった』とか『皆が先に行ってしまい、1人置いていかれてすごく怖かった』など生きている実感を持った」

この話は、私が「二段階人格形成論」を創造する契機となった一つです。

**発達障害児（甘えることを知らないで緊張したまま生きている子ども）**をくすぐって抱き締めていると、初めは怒声や叫び声を上げていた状態から赤ちゃん泣きになったりします。人によっては、生きている実感が持てるようになると、顔色が生き生きとしたものになります。これも、生まれ変わって、生きている実感が持てたからなのだろうと思います。

近年、気になることは、甘えることを経験していない子どもをくすぐって抱き

### 第1課題；生きている実感

KAKUTA METHOD

OK例

＊授かろう、授かるだろうとし、授かったことに感謝し、愛おしい気持ちで育児にあたる、優しくあやす。**胎教の大切さ**

＊あやすと、子どもに「**微笑み**」が見られる。お腹の中で、生まれてからも、気持ち良いを体験している。この世で、生きている**実感、感情（喜怒哀楽）に彩られた経験**が重なり、きめ細かい思い出につながる

NG例

＊妊娠しちゃった、社会から取り残される、いつから預けて働こうか、産みたくなかったのに・・

＊赤ちゃんには、冷たいお腹（胎児）体験となる。事実は残るかも知れない。頭で考えて、動くようになる。透明人間

締める関わり方をすることに対して、「虐待」や「不適切保育」ではないかと捉える保育者（人）がいることです。

**くすぐりや抱き締めるという関わり方は、甘えられない子どもの緊張が緩み、甘えるようになるための方法**として行うものです。行為そのものだけを切り取って虐待と捉えることは適切ではないと考えます。しかし、甘えられる子どもに対して、いつまでもしつこくくすぐって抱き締めているのであれば、保育者の内心を子どもに反映させているものとして、「虐待」「不適切保育」と言えるかもしれません。

**〈第2課題〉安全・安心、身を守る感覚（場所見知り）**

**概ね生後3ヶ月から5ヶ月頃の発達課題**です。生後3ヶ月頃には首が据わるので、親は我が子を横抱きから縦抱きができるようになります。親は、家の内外で我が子を片手で抱っこをしたり、おんぶや抱っこしたりして移動しやすくなります。親にとっては手が使えるようになって、家事に従事するようになります。我が子の様子や背中からの感触で、我が子に語りかけながら、母親は家事などの作業ができるのです。

最近では、子どもをおんぶする親の姿を見ることが少なくなりました。親や保育者はどうしておんぶをしなくなったのでしょうか。他のスキンシップで補充しているとも聞きませんので、**スキンシップ不足は親子にとって隔たりを感じることに繋がらないかなと、将来の親子関係が心配**になります。

近所で子どもの声が聞こえたりすると、親は家事の合間を縫って、抱っこやおんぶをして子どもを外に連れて出るようになります。車で出かける場合も多いので、移動自体はそれほど親に負担はないのかもしれませんが、子どもは身近な場所で他の子どもたちに出会うことが少ない環境にいることになります。

この時、赤ちゃんはどのような経験をすることになるのでしょうか。家の中であっても、縦抱きして移動するたびに見えるものや聞こえるものなど、次々に移り変わっていきます。**親は、時間を見つけて、子どもの関心に従って声をかけていく**ことが必要です。子どもはそのように関わってもらうことで、**より早く環境を理解し、適応していける**ようになります。

度々出かける場所であっても、子どもは自分にとって安心できる場所か緊張する場所かが分かるようになります。また、出会う人であっても、親しく感じる人もいれば緊張し避けたい人もいることになりますが、その区別ができるようになるでしょう。赤ちゃんに近づく人は、赤ちゃんの表情を見ながら近づくことを心がけたいものです。

赤ちゃんが環境の変化に適応する際には、**自分に関わる親や大人が赤ちゃんの関心に伴って声かけをしないと、赤ちゃんが自分一人で判断する**ことになります。したがって、自分にとって安心できる場所か避けた方がいい場所かの判断に時間がかかります。環境への適応のしにくさを表すことになるか、心を閉ざしてその場で動けなくなるか、お守り代わりになる何かにこだわるかなど、感覚的に覚えることになるでしょう。

乳幼児期では、水にこだわるとか、土いじりが苦手であるとか、裸足で砂場に入ることができないとか、オモチャをお守りとして持って登園するとか、スマホを片時も離せないなどの気になる言動が見られます。この姿を「経験不足によるもの」と理解することがありますが、経験するべき時期に一人で環境に適応せざるを得なかった結果と言えます。

そのような気になる言動に気づいたら、**子どもが何歳であっても、必ず後ろ抱きするとか背中をさするとかスキンシップをとる**ことが重要です。そうすることで、子どもの緊張の緩みを感じ取ることができます。その上で、子どもが物事を受け入れられるように、慣れていくように、声をかけることで、結果としてその後は速やかに環境に慣れていけるようになります。スキンシップを取りながら慣れていくことで、やがて一人で判断できるようになります。

思春期以降になると、スマホ依存とかアルコール依存など依存症状に悩む人がいます。断酒会という酒害者の集まりにサポートとして参加していた時、酒害者が「酒は身内」「酒は友達」と発言していたので、言葉の使い分けをしているのかどうか一人ひとりに伺ってみました。その結果、初めは「酒は身内」であったが、こんな自分を心配してくれる人がいると酒害者本人が気がついたら、「酒は友達」になったと言います。

**酒害者本人が、見捨てられていない・一人ではないと気がつくこと**が、依存状態からの脱出に繋がるのだと理解しました。この心境の変化を発達の視点で理解すると、生後6ヶ月頃から1歳頃に経験する「人見知り・後追い」を経験することが大切だと分かります。

子どもがゲームばかりする、子どもがスマホを手放せないと悩む親御さんからの相談では、「人見知り・後追い」を経験すると、ゲームやスマホへの依存状態から脱して、スマホはツール（道具）としてコントロールできることが分かりました。

登校するとタブレットを手放せない小学生が、先生が一時的に代理ママになる覚悟で関わると、先生を大好きになって、タブレットへのこだわりがなくなり、育ち直っていきます。

ゲームやスマホばかりして生活時間が乱れるのは、子どもが孤独で、孤立している発達状態にあるからだと言えます。

最近、気になることとしては、学童クラブや小学校の支援クラスでは、職員から子どもに対して抱っこやおんぶをしないことであり、子どもからおんぶや抱っこを求めてきたら応じるように職員は指導を受けていると聞きます。

**甘えたいという感情を満たされていない子どもは、何歳になっても甘えることを経験したい**のではないでしょうか。保育園・幼稚園ですら、年中や年長の園児がおんぶや抱っこを求めてきても保育者はそれに応えてはいけないと、先輩保育

## 第２課題；安全・安心、身を守る感覚

### OK例

＊首が据わるので、縦抱きして**移動しやすく**なる。いつもと違う場所へ行くとか、いつもと違う人に出会ったりする

＊子どもは、不安げに見る。説明してもらい、**あやしてもらって安心**する、いつものところ、いつもの人に戻って、落ち着く。守られてこの世に慣れていく。**場所見知り**

＊**安全・安心**、**快・不快、身を守る感覚が備わる**

### NG例

＊ここは安全？危険？　誰といると安心？不安か？

＊一人で耐えて安心。強いこだわり、これさえあれば安心！

者が指導しているとも耳にしています。まさかと思いますが、育て直すための異性の年中児や年長児へのスキンシップも「不適切保育」「セクハラ」と言われるようになるのでしょうか。

**〈第3課題〉私は私、一人ではない（人見知り・後追い）**

**生後6ヶ月頃から満1歳頃の発達課題**です。生後5ヶ月頃になると、人見知りが始まります。子どもにとって、好きな人、親しみを覚える人と嫌いな人、避けたい人の区別をはっきりするようになります。やがて**好きな人の中でも順番がつく**ようになります。

例えば、お父さんがあやして相手をして泣き止んだものが、泣き止まなくなります。そこへお母さんが顔を出すと、すぐに泣き止むようになります。

その後、ある時、**1番目に好きな人を「大好き」になり、独り占め**するようになります。多くの場合、生後6ヶ月頃の大好きな人は、母親です。お父さんやお祖母さんで安心できたものが、子どもはお母さんでないと安心しなくなります。

**母親は**、大好きになってくれたことに感謝し、「お母さんも、大好きだよ。嬉しいよ」「何があってもあなたを守るよ」と言いながら**しっかりと抱き締め返す**ことです。母親は、この子を置いては死ねない気持ちになります、**子どもはお母さんがいることで一人ではない心強さ**を感じます。お祖母さんの中には、「うちの孫にも、お母ちゃんが見つかった。良かった。良かった」と言う人もいます。

**この時のお父さんは「最初の他人」**とも言われます。今ではほとんど死語となり、知る人がほとんどいなくなりました。この時期、父親はすぐに我が子を抱こうとしないで、我が子の様子を見ながら母親と談笑することです。それが父親のとる言動です。

**我が子は大好きな母親を通して、父親に対する警戒心が弱まり、親しみを覚える**ようになります。まもなく、再び父親の膝に入ったり、抱かれたりするようになります。この時から子どもにとっては、心理的に父親がいて母親がいることが分かることになります。

その後、我が子は母親を大好きになると、母親から片時も離れられなくなります。いわゆる**我が子による母親の独り占め**です。母親がちょっと隣の部屋に行くだけで、子どもは泣き叫んだり、泣いてハイハイとか歩いて後を追ったりするようになります。いわゆる**「後追い」**が始まります。

この時、「ちょっと隣の部屋に行ってくるね」「すぐに戻るからここで待っていてね」と母親が我が子に言っても、我が子は置いていかれるとか、大事な人がどこかへ行ってしまうと思って、後を追うのです。物理的に1人になることを拒みます。**母親の声かけだけでは、まだ母親の言うことが理解できない**のです。

初めのうち母親は子どもに「ちょっとでもお母さんが見えないと心配になるの」「お母さんは台所でお茶を汲んで、持って来るよ」などと声をかけることです。母親は声をかけながら子どもを一緒に連れて行くことを繰り返すと、母親が言っていることが感覚的に理解できて、我が子は待てるようになります。

「すぐだから子どもを泣かせておけばいい」とか「泣く子はよく育つ」などと母親に都合の良い解釈をして行動しないことです。子どもに、大好きな人でもいついなくなるか分からないとか、いつごまかされるか分からないと、**母親への不信感**を抱かせることになります。それは、**他の人への不信感を抱かせる**ことになっていきます。

その時、子どもが父親やお祖母さんなどと親しくなっていれば、一緒に待ちやすくなります。我が子は、母親は嘘をつかないとか、騙さないとか、裏切らないと分かるからです。

母親が断りも入れずにその場を離れることを続けて、子どもが泣かなくなったとしても、母親は安心してはいけないのです。我が子が、母親はいつ裏切るか分からない、当てにできない人だと思った可能性もあるからです。

この時期の赤ちゃんに対して、母親以外の人は赤ちゃんの様子を見ながら母親と談笑することから始めましょう。赤ちゃんは、母親と母親以外の人との人間関係を取り入れて、自分自身と自分以外の人との人間関係の取り方の基礎経験をしたことになります。

こうして、**満1歳過ぎには、両親（男性と女性）のいる家族の基本が形成**されます。同時に赤ちゃんにとっては、**3歳頃から始まる友達選び、友達作りの基礎となる経験**になります。

幼児期では、3歳過ぎから友達と遊ぶようになる時期になりますが、誰とでも遊ぶとか、1人遊びが目立つという場合には、自分に合った友達を選択する力が備わっていない可能性があります。その場合、大好きな人を見つけて、その人と他の人との人間関係を取り入れて、**人を選択する力を身につける**ことから始めることです。

保育園などでも複数の保育士が保育にあたっていると、クラス内あるいは園内においても、家庭での経験と似たことが起きます。

子どもは、好きな人と嫌いな人とが分かるようになります。例えばA保育者が大好きになると、独り占めが起きます。同時にA保育者以外は、担任であっても主任であっても「最初の他人」となります。

この時、**他の保育者の育ちが問われます。**「私が担任なのに、園長を好きになって、この子、好きじゃないわ」と思うか、「やっと大好きな人が見つかって良かった」と思うかで、保育室の雰囲気が変わってしまいます。

園においても、子どもにとっては保育者が母親代わりとなり、人見知り・後追いの疑似体験をすることになります。この時、保育者は、いつまでも好きにならなれたら、この子のためにならないと考えるかもしれませんが、心配はご無用です。

**子どもは保育者との経験を経て、自分の心の母親を求めて母親に働きかける**ようになります。母親が子どもの求めを受

KAKUTA METHOD

## 第３課題；私は私、一人ではない

OK例

＊**人見知り現象**；大好きな人として選ばれたことを受け止め、自分の人間関係を分かってもらう。子は母親の人間関係を取り入れる**「大好きな母ちゃん（人）が見つかった」**「父は最初の他人」

＊**後追い現象**；好かれた人は騙さない、裏切らないことで、子どもには人への**基本的信頼感**が生まれ、人との遠近感がもてる。**一人ではない**！と実感（拠り所＝心の家族）→　友達選び、友達作りの基礎、仲好し　満1歳頃、１人の人としての基礎

NG例

＊皆に好かれたい。誰を好きになったらいい？避けたらいい？

＊どうせ、いつかは離れていく・裏切られる・頼りにならん。いざとなっても頼る人がいない。友達（親友）ができない

け入れると、本来の母子関係ができます。

このように、人間関係の距離が分かるようになると、いざという時に相談できる人が見つかったことになります。**心の家族の基盤が整い、その後に同世代の友達を作る基礎**ができたことになります。

思春期以降になっても、友達ができない、あるいは友達を作らない場合は、その基礎経験を点検してみる必要があります。また、親しい友達を見つけるために、裏切られたりすることや騙されることも覚悟して、ひとまず友達と思って遊んでみることです。

人の生涯にわたって考えると、友達がいるかいないかではなく、人間関係の取り方の基礎ができていない可能性があります。若い時は元気があるので気にならないかもしれませんが、その元気がなくなる晩年になると、孤独や孤立感に襲われることになります。

その場合、乳幼児体験から振り返って考えてみることです。「つながり孤独」という言葉もありますが、**生涯にわたって相談できる相手を見つける基礎**を培う必要があります。

生きている実感が持て、身を守る感覚が備わり、一人ではない人間関係の取り方が分かると、**生涯にわたる一人の「人」としての基礎が培われた**ことになります。自分は自分、お母さんはお母さんという違う個人であることが、感覚的に分かるようになります。自意識が持てるようになったとも言えます。健やかに育っている子どもであれば、これが満1歳を過ぎた頃の発達状態です。

**〈第4課題〉言葉を覚え、言葉でやりとり（自己主張）**

**生後満1歳頃から2歳半頃の発達課題**です。我が子が第3課題である「後追い」を達成する過程では、母親からの話しかけに応答することで、言葉を理解していることが分かってきます。満1歳頃には、自分は見捨てられないと分かると、我が子は身の回りのことに関心が出て、ハイハイしたり歩いたりしてゴソゴソと動き始めます。

母親的には散らかし現象で、心理学的には「探索期」に入るとも言います。昔の人は、**「口より先に手が出る」**と言ったものです。

子どもには、落ちているものを摘んだり、手に取ったり、口に持っていったりなどの動きが見られるようになります。親や祖父母は、子どもから目が離せなくなります。この時、親としては子どもから目が離れることはありますので、口に入れて危険なものは棚の上に上げて、子どもを危険から守るようにします。寝かせる時も同じ部屋か隣の部屋で子どもの泣き声がしたら、すぐに応対できる位置にいることです。

同時に大事なことは、**我が子の仕草を見て、「代弁」すなわち我が子の思いを我が子に言葉で言ってみる**ことです。例えば、「指を口に入れたね」「指を噛んでいるね」「お腹が空いたのかな」「音がしてびっくりしたかな」などです。

親にこのように声をかけてもらうことで、**子どもは自分の言動が言葉とつながる**ようになります。親に言われることが、言葉で理解できるようになります。

子どもが果物の絵本を持ってきて指差しする時、親や保育者はできるだけその都度「りんご」「みかん」「バナナ」と言います。指差しを何度も繰り返すようになったら、親や保育者は子どもが「りんご」を指差した時に、わざと「みかん」と言ってみます。子どもはいつも通りに次に「みかん」を指差しながら、おやっと思い「りんご」に戻ることがあります。これで、聞き分けができ始めたことが分かります。

指差しに付き合っていると、やがて、「りんご」を指差した時に「みかん」と言うと、我が子は「ブル、ブル！（違う！）」と首を横に振り、それは違うと教えてくれます。さらに、指差しに従って「りんご」と言うと、子どもも同時に「うんご（りんご）」「ななー（バナナ）」などと、言いやすい言葉を言うようになります。やがて何度も繰り返していると、適切な発音ができるようになります。

こうして、親や保育者が我が子の言動に即した声かけを行なっていると、「うん」「ほっちい（ほしい）」と単語で返事ができるようになり、「ママ、買って」「パパ、いない」と2語文や、「ママ、これ、かって」「パパ、かいしゃ、いった」などの3語文も言えるようになります。

親は子どもの気持ちを確かめるように、子どもに繰り返し言い続けていると、子どもが自分の思い・気持ちをしっかり表出できるようになるので、親はその気持ちをしっかりと受け止めるようにします。**親が声かけした時の子どもの返事にはしっかりと自分の気持ちを表出できるように相手**しましょう。例えば、親「ほしいの？　ほしくないの？」→子ども「うーうん、ほしい」、親「ほしくないよね」→子ども「うん」、こうすることで、言葉を使ってのやりとりの基本ができたことになります。

また、我が子の様子を見て、「実況中継」すなわち我が子の言動を言葉で言ってみます。「○○したいの」「○○を噛もうとしたけどできないねー」「○○を落とした音にびっくりしたの」。さらに、子どもの関心を言葉で言ってみることです。「お友達いるねー」「あのように○○したの」「お父さんのようにコップで飲みたいの」など。

このようにすると、子どもに**「自分は自分」**という自意識が芽生え、「自分で！（したい）」という気持ちが芽生えてきます。その気持ちを無視して、子どもの言動を見て即「やめなさい」「まだ早い」などと言えば、子どもは我を張るようになります。いわゆる**自己主張**が起きます。一般的には「イヤイヤ期（前半）」とか「第1反抗期（前半）」と言われる現象が見られるようになります。

子どもは、イヤイヤしたいのではありませんし、あるいは反抗したいのではなく、**「私の気持ちを分かって」**と教えてくれているのです。**私の気持ちに関心を向けないで、親の言いなりにはならないよ**、と教えてくれているのです。

この時期、子どもに手のかかる場面があります。

例えば、子どもの動きを見ながら「このオモチャ、ここに入れるのかな」と声をかけていつもと違う箱に入れようとするとか、子どもがモゾモゾと腰を動かしたところを見て、「おしっこかな。トイレに行こう」と声をかけてトイレに連れて行き、おむつを外して便器に跨がせながら「おしっこしたかったかな。おしっこはここでするんだよ」とか、いちいちきめ細かく声をかけながら行動をすることです。

この時期は子どもの言動を見ながら、**子どもの言動の代弁や子どもの関心ある様子の実**

**況中継**や、しつけをする関わり方をしなければならないのです。**親は髪を振り乱して子どもに関わる時期**となりますが、その後の子どもの成長により解放されるので、本当に手がかかると思うかもしれませんが、親や保育者は頑張り時です。

こうした関わりは、親なら誰でもできることではありません。この時の親には、自分の親や保育者からの関わられ方が反映されているのです。**子どもへの関わり方は、親自身の親とか保育者など誰かから学んでいる**からです。その中で、子どもの動きに個性が出始めることがあります。

親の期待で子どもにしつける時期であるとも言えますが、**子どものとっている言動を、まず、言葉で言ってみて、子どもの関心・気持ちを確かめてから、こちらの都合を言ってみる**ことです。親にとっては、おんぶや抱っことは違う、言葉を使った関わりをする時期と言えます。

これを行なうことで、2歳頃には、親や保育者の応答次第で子どもとのやりとりが長続きするようになり、教えていない言葉を使ってびっくりすることもあります。

やりとりが長続きするようになると、我が子は「昨日のこと」だけでなく「明日のこと」など先の見通しが持てるようになります。この時機の子どもは、自分なりの先の見通しを持った考えを持つことができるようになります。

幼児期においては、自分の思い通りにならないとカッとなって、物を投げたり突き飛ばしたりする子ども、言葉で言えなくて黙って睨みつける子ども、プイッとしてその場を離れる子どももがいます。

それを一般的に「イヤイヤ期」とも言いますが、この時期の子どもは自分なりの見通しを持ったビジョン（考え）が持てるようになっていますので、子どもの気持ちを取り上げないまま親の都合を先に出してしまうと、子どもはそれに対してイヤイヤすることしかできないのです。

こうした子どもたちに対して、親や保育

## 第４課題；言葉を覚え、言葉でやりとり

OK例

＊口より先に手が出る。自分の感情・行動・意思を言葉で理解するように関わる。子どもを見て、**代弁（言ってみる）・実況中継**する

＊**言葉を覚え、言葉で表現**する。言われたことを理解し、判断して、行動する。お手伝い・真似る。自意識→自我→自己主張

＊言葉でのやりとりが続く（2歳になる頃）→　作文力が付く

NG例

＊カッとなり易い（易怒）、頭突き、物や人に当たる（幼稚な訴え）

＊言われたことだけする、言われるまで動かない（指示待ち症候群）

＊自分の思いがはっきりしないし、人に自分の気持ちを言えない

者はいきなり叱ったり、禁止したりなどしがちです。しかし、こうした子どもたちは、まだ自分の言動が言葉に繋がらないのです。第一声で「面白くなくてカッとなったね」「ムカついたね」など繰り返して言って、やや興奮が収まりかけたら、「お話、聞くよ」と応対することです。話ができなければ、トラブルに関わる相手の子どもに様子を聞いて、トラブルのいきさつに間違いがないかを子どもに確かめることです。

思春期以降においても、カッとなるとか物や人に当たる人がいます。もう大きいのだから話せば分かる、と大人の私たちは思いがちですが、**乳幼児期における自分の言動を言葉につなげる基礎経験が乏しい**から起きることだと思います。

ですから、説明したり語ったりした関わり方で問題解決がつかない時は、ムカついたことや腹が立ったこと自体を取り上げて、「ムカついたね」「ものすごく腹が立ったね」などと声をかけてみることです。そのように言われると、子どもは落ち着きが見られるようになります。やや興奮が落ち着いてきたら、言葉で言わせてみるのではなく、状況を説明しながらムカついた場面を再現することです。再現して確認するように聞くことで、言葉で理解する冷静さを取り戻すことになります。

**〈第5課題〉譲ったり譲ってもらったり、仲好し（交渉）**

**生後満2歳半頃から4歳半頃の発達課題**です。生後2歳半頃になると、子どもなりに計画性を含む考えを持つようになります。だから、保育者の都合を優先して子どもに従わせようとすると、子どもは素直に従う気持ちになれなくて、ひねくれたり、我を張るようになります。これも一般的には「イヤイヤ期（後半）」あるいは「第1反抗期」とも言いますが、子どもはイヤイヤしたいのでしょうか。

子どもが遊んでいる時に保育者が「お給食だから片付けてちょうだい」と言っても、子どもは区切りのつくところまで遊ぶつもりでいると、耳に入っていてもそのまま遊びを続けることになります。給食の時間だから片付けてほしいという保育者の都合があれば、区切りのいいところまで遊びたいという子どもの都合もあるのです。

この時、子どもがわざわざイヤイヤしているように、保育者には思えるようです。保育者は、いきなり保育者の都合に合わせて子どもが動くように求めていないか、子どもの考えを聞いてみたかを考えてみることです。

**初めに子どもの考え・予定を聞いてから、保育者の考え・予定を伝えて、どちらが譲ったり譲ってもらったりしたらいいかを一緒に考える**ことです。

給食の時間は、保育者にとって最も忙しい時間です。ですから、お片付けの時間になる前に、「あとこれくらいでお片付けの時間になるよ」と事前に声をかけておいたり、時間がかかりそうな子どもには個別で前もって声をかけておいたりします。また「あと、これやったら」と言う子どもがいたら、その旨を他の保育者にも伝えることも工夫の一つです。

やがて、子どもから「ちょっと待って」「これをしたらやるよ」と言うようになりますので、保育者も対応しやすくなります。

**保育者は、自分の考えと子どもの考えとを照らし合わせて、待つなり、折れてもらうなりの関わり**をすることです。お互いの

## 第５課題；譲ったり譲ってもらったり、仲好し

OK例

＊それまでの素直さが消える。子どもは意志・考え(見通し)を持つようになるので、**大人の配慮**で、子どもは**交渉、譲ってもらったり譲ったり**できるようになる。3歳頃には一人前に相手する！

＊同世代の中で、譲ったり、譲ってもらったりできる。仲直りを覚えて、**仲好し**ができ、やがて増えていく（年少クラスから年中クラス）

＊ここまで経験（発達課題）を「三つ子の魂を培う」という

社会で生きる基礎・生涯にわたる人格形成の基礎

NG例

＊反抗と理解し、いきなり素直に従うことを求めない

考えがぶつかり合って困ったなら、お互いに譲って、妥協点を見つけるように保育者が関わることでしょう。これを、昔の人は、**「3歳頃には一人前に扱うこと」**と言ったのだと思います。

これも一般的には「イヤイヤ期（後半）」あるいは「第1反抗期」と表現しているようです。子どもは保育者にイヤイヤ、あるいは反抗したいのではありません。保育者が子どもの都合、考えを確かめないで、すぐに保育者の言うことに従うことを求めるので、子どもは反発という手段としてイヤイヤすることしか分からないのです。この時期まで育ってきた子どもは、譲ったり、譲ってもらったりすることができるようになりたいのです。

幼児期の子ども同士のトラブルであれば、どうして取り合いや喧嘩になったのか、初めは保育者が双方にそれぞれの言い分を聞くことです。それによって、子どもたちは、きっかけからどうなってトラブルに至ったかが分かります。そこで、保育者の仲立ちで、どうしたらいいかを考え、自分に落ち度があれば子どもは謝ることができます。そして、相手に許してもらって、仲直りするのです。

思春期以降であっても、喧嘩の仲裁に入る時は、まず、双方の言い分を丁寧に聞いて、どこから思い違いが始まってトラブルになったかを知るようにすることです。これにより、仲裁に入る人もトラブルの双方も、経緯を理解できます。幼児期に喧嘩の仲裁をしてもらった経験があると、理解が早く、仲直りしやすいと言えます。

3歳までの期間・年月が大事なのではなく、**概ね3歳までに譲ったり譲ってもらったりという「交渉」ができる**ようになることが大事なのです。これで、**社会人としての基礎**が培われたことになります。

**〈第6課題〉対等な3人遊び（健全ないじめ現象）**

**生後4歳半頃から6歳頃の発達課題**です。月齢差もありますが、年中クラスになると、仲好しが増えるものです。仲好し2人では遊ぶことができますが、仲好しが増えても、いきなり3人で遊ぶことはできません。一旦、**「健全ないじめ現象」**が起きます。

これは、**お互いに仲好しの3人での遊び方を覚えたいと訴えている**、と理解します。仲好し2人が遊んでいる時に**どのようにしてその中に入れてもらうか**、仲好しが入りたいと言った時、**どのようにして入れるか**です。

仲好し2人が遊んでいる時に、自分も一緒に遊びたいと思って「入れて」と言いますが、

「入れて」「あそぼー」と言ったからと言って、すぐには入れてくれないことが多いものです。この時、「入れてくれない」とか「いじめた」と言って、保育者に訴えて助けを求めることになります。この場合、「健全な（発達上の）いじめ」と理解しましょう。

保育者は、子どもがいじめられたと訴えるまでの経緯を、３人から聞き出すことです。そうすることで、仲間への入り方や入れ方を覚えるために必要な内容が分かります。

例えば、保育者が砂場に一緒に行って、仲好し2人の遊びをいじめられたと訴える子どもと一緒に見て、この先どうなる

## 第６課題；対等な3人遊び

**OK例**

＊対等な２人遊びができる仲間が増えるので、起きる「**健全ないじめ現象**」が始まり→　世間で話題になる「いじめ」は、関係者が人見知り・後追い経験がない集団で起きることが多い。仲好し3人で遊べるようになったら、いじめは起きない！

＊２人で遊べても、**仲好し３人で遊べる**ようになりたい！

・仲好し２人の中へ入る、**入り方**を分かりたい

・仲好しを入れる、**入れ方**を分かりたい

・ルールが理解でき、集団での遊びを楽しむ

**NG例**

＊いきなり3人で遊ぶことを指示しないこと、主従関係か見る

かを聞いてみます。仲好し2人の遊びの流れを理解して、「入れて」を言うタイミングを保育者が判断して声をかけます。あるいは、保育者が遊びの先を読んで、子どもにシャベルを用意するように促します。タイミングよくシャベルを差し出して遊びに入ったりすることを繰り返すと、保育者の助けを求めないで、子どもなりに自分で判断して遊びに加わることができるようになります。

また、仲好しと2人で遊んでいる時に、別の仲好しが「入れて」と言ってきたら、最初は「ダメ」と言うことが多いものです。保育者は、先ほどと同じく3人から経緯を聞いて、「遊び始めたところだから、入れたくないんだって。入れてくれる時、『いいよ』と言ってね」と言って、一緒に遊びの様子を見ているようにするとか他の遊びをしながらその時を待って、声がかかったら入れてもらいます。

こうして、保育者の仲立ちで、遊びの流れを見て、「入れて」というタイミングを覚えたり、遊ぶ際に必要なオモチャを用意して差し出すなどの入り方を覚えたりします。そうして自分たちで「今はダメ」「後でね」「少し待っているね」などと言えるようになり、いきなり「ダメ」と言わなくなったり、いきなり入ろうとしなくなったりします。

ここまでお互いに育っていたなら、世間で問題となる「いじめ」は起きないのです。

「いじめ」が問題になる時は、子どもたち一人ひとりの育ちを見て、仲立ちをすることが大切です。

**〈第7課題〉学習・勤労、畏怖心**

**（世界観・宇宙の中の私）**

**生後6歳から9歳頃の発達課題**です。小学校に上がるとクラスメイトが増えるし、教科学習や社会見学なども始まって、就学前の保育施設時代に比べ**格段に見聞する世界が広がります。**不思議に思うこともあるし、驚くこともあるでしょう。触れ合う人も増えて、自分と比較してすごいと思ったり、あんな風になりたいと憧れたり、してはいけないことなどを学んだりもするで

KAKUTA METHOD

## 第７課題；学習・勤労、畏怖心

OK例

＊子どもの見聞を広めるように、さまざまな経験をさせる

＊**畏怖心**；より多数と接し、行動範囲が広くなるに従って、知らないこと、驚嘆すること等を通して、世界が広いこと、出会いに驚いて、自分の位置づけを考えるあるいは謙虚な気持ちが持てる。**世界観、宇宙の中の私**を受け入れる

＊学習・勤労は、人格形成の基礎ができた上に成り立つ

NG例

＊世界や自然を侮ること、見くびることの気持ちを戒めたいもの

しょう。

子どもにしてみれば、世界は広くて知らないことがどこまでもありそうなこと、さまざまな個性、能力のある人間がいることが分かります。その中で、**自分の位置を認め、立ち位置が分かる**ようになります。

## 自己客観期（思春期以降）：9歳から20歳頃以降

自己客観期（思春期以降）、つまり9歳頃から20歳頃はどうでしょうか。9歳頃になると、その年齢まで健やかに年齢相応の経験をしている子どもは、「中間反抗期」や「客観的思考が始まる」「2分の1成人式」と言われる現象を表します。小学校の先生の間では「小学校3年生のクラスをまとめることが難しい」とも言われています。家庭では、子どもは自分専用の部屋や空間・コーナーが欲しくなります。秘密基地ごっこ遊びをすることもあります。

これらは大人になる過程の中での、一つの節目であることは間違いないようです。

当初、この現象は発達論における右肩上がりの途中と捉えていましたが、この年齢の子どもの様子を見たり聞いたりすると、**一時的に甘えが出たり、退行的言動**が見られたりします。**乳幼児体験で不足していることを補充しながら、大人になる道筋を歩んでいる**と考えます。

ですから、子どもは健全な乳幼児体験を補充しながら、それを元に自分を客観視する作業に取り組むと考えました。そして、発達課題を繰り返すように18歳から20歳にかけて**「これが私」と認められた時、心が大人となる**と考えます。

7つの発達課題を繰り返して大人になるという基本を考えていた時、中学生での不登校の問題解決には、同じ年月かそれ以上の年月がかかると言われていました。すなわち、13歳で表面化した問題行動や問題症状は、健やかな姿になるには13年かそれ以上の年月が必要になります。

しかし、経験不足の乳幼児体験を中学生になってからでも経験できると、カウンセリングに取り組み始めて1年から1年半ほどで、自力登校する事例が増えてきました。これほど短期間で自力登校する事例の説明が、私の提唱する「二段階人格形成論」で可能となります。非行相談においても、この傾向は認められます。

**「頼もしい大人」とは、少なくとも3歳までの適切な乳幼児体験の上に、客観的に一人の「人」としての基礎経験を自覚し、それを表現できる人**のことを指すものと考えます。思春期以降、問題行動や問題症状を表した時は、当事者であるその人の乳幼児体験に注目して、不足している乳幼児体験を頼もしい人によって経験できるよう相談に乗るようにしたら良いと考えます。

## 「育て直し」「育ち直り」は、何歳からでもできる
### ――気づいた時から始める保育

今日では、子どもが年齢相応に発達していることは、極めて稀なことです。甘えられないとか落ち着きがないとか、友達と遊ぶことができないなどの「気になる子ども」が何割かいます。それが、保育者による保育がいっそう困難となっている要因の一つであると考えます。

**保育者にとって最も重要なことは、目の前の子どもを、どう発達理解して、どう関わるかに関心を持つ**ことです。満年齢で子どもたちの発達段階を理解して保育を実施することは、困難な時代になっています。

最も避けたいのは、保育者が諦めたり、先送りしたりしないことです。**諺の「三つ子の魂百まで」の魂**、あるいは**生涯にわたる人格形成の基礎は、何歳からでもそれを経験できる**ということです。乳幼児期であっても、人としての基礎を経験できると、子どもに生き

る元気が出てきます。同時に、そのような関わりができることで、保育者にも生きる元気が出てきます。

## 1　「赤ちゃんが大人になる道筋」の学習から始める

**まず、赤ちゃんが健やかな大人になる道筋を学習**する必要があります。一般的に、現時点では子育てにおいても保育においても、生涯にわたる人格形成の基礎という節目・指標が具体的に表されていません。加えて、親や保育者が子どもの発達に合わせてどう関わると良いかも示されていません。この人格形成の節目と関わり方が曖昧なままでは、子どもに何を身につけてもらったら良いか、そのための関わり方が曖昧になってしまいます。

長年にわたる相談・援助経験から、**乳幼児から老人世代までの相談で、この発達の道筋、人格形成の道筋を知る**ところから始める必要を痛感します。人格形成の道筋の分かる人が身近にいるほど、問題解決が早く、その後の育ち直りが認められます。

欧米のような先進国でも開発途上国でも、健やかに大人になる道筋とそのための関わり方のモデルとなるものがあるとは言えない実情だと思います。一般に言われている欧米の発達論、子育て論をモデルにすることは、日本人には難しそうです。なぜなら、欧米諸国は住みやすい健全な大人が多くを占める国になっていると思えないからです。

ですので、他に見当たらなければ、**ひとまず私の提唱する7つの発達課題を節目・指標にするよう、「二段階人格形成論」を学習**することを勧めます。

## 2　子どもを発達段階で見立てる

子どもが、**「今から取り組む発達課題」**

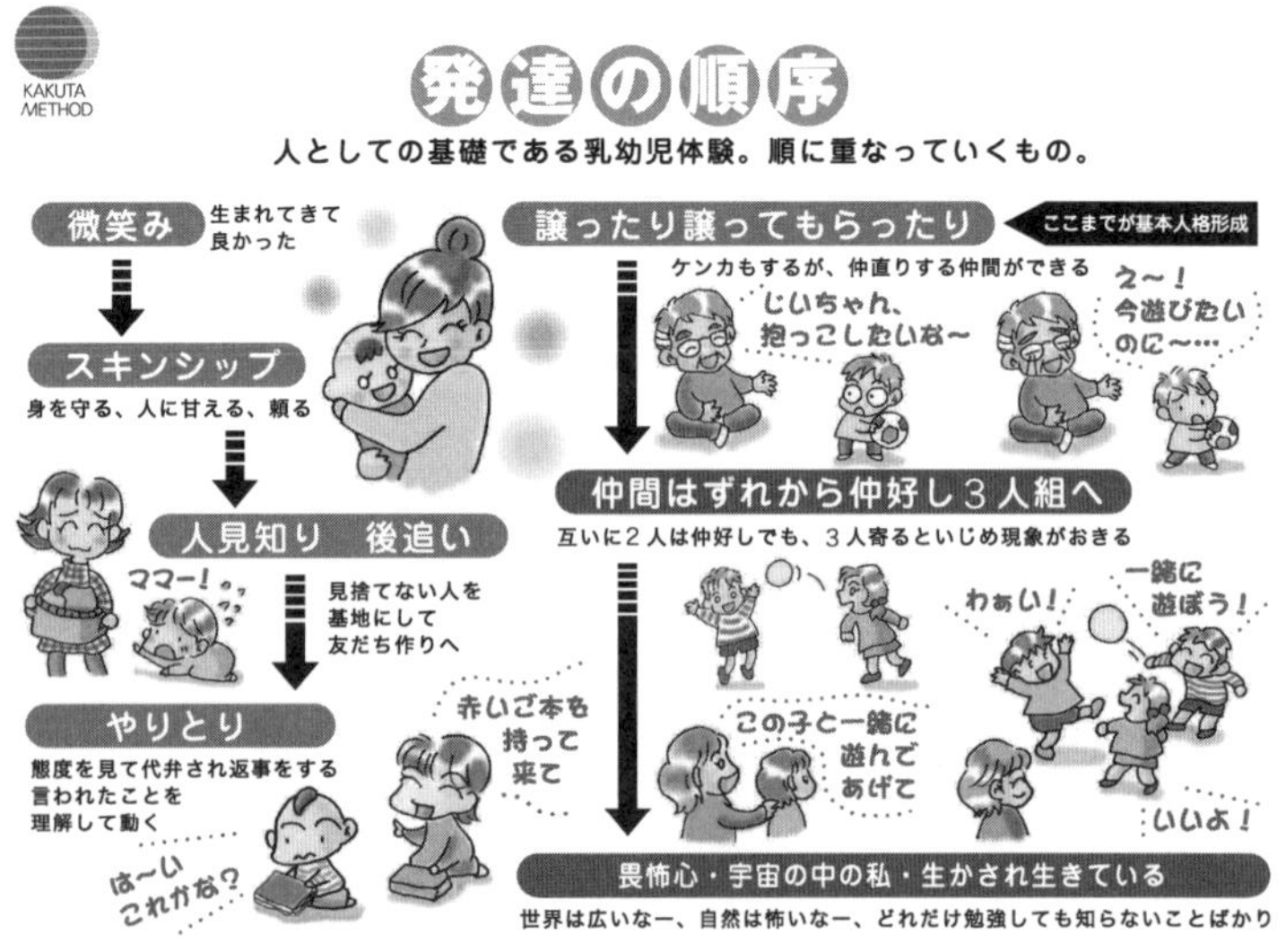

と**「今までどんな気持ちで生きてきたか」**を見立てます。

また、子どもを理解する時に、年齢を基準にして理解しようとする場合と発達の順序に従って理解しようとする場合があります。満年齢とその発達の姿が合っている、あるいは近似しているのは、それまで適切な関わり方をしてもらって、子どもが育っていることを前提にしています。だから、歳がくれば自然にその年齢に相応しい姿（発達）になるわけではありません。

**① 今から取り組む発達課題**

保育者は、**満年齢とは切り離し、どの発達段階まで育っているのかを見る**必要があります。例えば、くすぐったら笑えるか、身を守る感覚は持っているか、大好きで見捨てない人はいるかなど、満年齢ではなく発達の順序で見立てることです。

**②－1 子どもが成長・発達したいと求めている**

次に、今現在までどのような生き方になっているかを見立てることです。見立てる時、**子どもが成長、発達したいと求めている**場合があります。

人格の形成は、順に重なるようにして行なわれます。例えば、感情が動いて甘えられるようになっても、子どもが大好きな人に出会いたい時には、親や保育者が大好きと受け止め、見捨てない気持ちで関わることで、子どもは満足できるのです。自己主張がしたい時には、まず、自分の思いを受け止めてくれる関わり方をしてもらえれば、子どもは言葉で気持ちが言えるようになります。

例えば、子どもは甘えたいのに母親をはじめ家族にも園生活でも満たされていない気持ちでいれば、子どもが何歳であっても保育者は甘えたい気持ちを受け止めることです。子どもと気持ちが噛み合うので、すぐに保育者に素直に甘えてくるようになります。

いきなり指示、命令、禁止するような関わり方でなく、自分の言動の代弁や自分の関心を実況中継のような関わり方をされると、言葉を覚え、言葉を使ってやりとりができることになります。

### ②-2　周囲と合わせて良い子を演じている

甘えることをしないで**周囲に合わせて良い子でいる**ような場合があります。

乳児期の初期から緊張感のある雰囲気の中で生活していると、緊張を覚え、いかにして生きていくか、自分のことしか考えられない生き方をしています。年齢が上がるに従って、周囲を見て自分が受け入れられるように良い子を演じるように生きることがあります。こうした子どもは、素直な自分の気持ちを出しにくい状態にあります。あるいは親の顔色を見て自分の気持ちを出すようになっている場合もあります。

例えば、保育者がくすぐって抱き締めて甘えられるように関わっても、素直に気持ちを出せないでいます。胎児返りをしてから生きる元気が出てくる事例があります。

このように、子ども自身が保育者に何を求めているか分かっていないので、良い子の姿が崩れてありのままの自分になろうとしても、そんな自分を最後まで受け止めてくれるか不信感を持っているものです。すると、保育者が関わっても、すぐに期待するような展開をしない場合もあります。

ですから、保育者はあらかじめこのことを承知して、あくまで子どもの発達段階を踏まえて関わると、子どもは見捨てられることなく、育ち直る過程を歩むことができるのです。

子どもが繕って生きているので**赤ちゃん返りが起きるか否かを保育者は見立てることで、子どもの育ち直る過程に沿って関わることができます。**

満年齢を参考にした理解の仕方であっても、くれぐれも満年齢で発達段階を見立てるのではなく、発達の順序に従って子どもが取り組む発達課題を見立てることを勧めます。

### 3 とにかく、成長・発達を促す関わり方を

子どもは、一人で成長・発達（人格形成）するわけではなく、物的環境が整えられるだけで、それができるわけでもありません。**人によって、人となるように関わってもらって、初めて人として成長、発達するのです。**人は、人格を形成すると言えます。したがって**保育者は、子どもが成長・発達するための関わり方**を行なうことです。

指示、命令、禁止の関わり方ばかりでは、子どもは自分で考え、判断して動くようにはなれないのです。また、物的環境を整えるだけで育つことはないのです。

狼に育てられた子どもは、人としての命はあっても狼の仕草を取り入れます。食べることができて体は成長しても、人として健やかに育っていないという実例もあります。

例えば、年中クラスにいるが、くすぐるという関わり方をして、くすぐり合いができるか確かめてみます。それができなかったら、満年齢では年中クラスに所属しますが、発達

段階としては、まだ第1段階で、生きている実感が乏しく、緊張が続いていることになります。

発達・人格の形成は順に積み重なるものですから、子どもは、今まで誰からも甘えられるように関わってもらっていないのです。年中クラスであっても、保育者はくすぐって抱き締めることを繰り返し行なって、子どもが甘えられるように保育することから始めることです。

また、子どもに甘える経験が必要であるにもかかわらず、一人で頑張って皆の中で生活している子どもの場合、保育者は、**大人になるには甘える経験が大事であることを周囲に伝えながら、くすぐって抱き締める関わり**をすることです。**初めは拒んでも**、やがて**自分から抱っこを求める**ようになります。次に**好きな人が見つかり**、その中で**大好きな人が見つかる**ようになっていきます。

背中をさするとかハンドマッサージなどスキンシップをとることは、間違いではありませんが、経験上、時間がかかり過ぎます。少しでも早く緊張がほぐれてフィット感のある甘えができるようになるには、くすぐって抱き締める関わり方を繰り返す方が効果的です。

最近では、保育者による虐待とか不適切保育が問題になっているので、くすぐって抱き締める子どもへの関わり方は誤解される可能性があります。それは、生まれてから緊張していて甘えることを経験していないので、くすぐられて抱き締められると、子どもは抵抗したり暴れたり、時には「暴力を振るうな」と叫ぶことがあるからです。くすぐられて抵抗する子どもを見て、保育者は「子どもが嫌がる関わり方」をしていると捉える可能性があります。

ですから保育者は、**「甘えることを知らない子どもに、くすぐって抱き締める関わり方をしている」と、はっきり自覚**している必要があります。また、誤解に対して**実践するとともに説明できる**ことが大切です。

子どもはくすぐり遊びを喜びますので、対象児1人をくすぐるのではなく、他の子どもと一緒に取り組むことです。そして、対象児には、「今まで一人で頑張ってきたね。甘えることも知らないで、苦労してきたね」「見てごらん。皆もキャッキャッと喜んでいるでしょ。○○さんにも早くそうなってほしいな」「甘えられるようになることは、人として大事なことだからね」「少し体が柔らかくなってきたね。早くゲラゲラと笑えるようになりますように」などと言いながらくすぐって抱き締めることです。こうすることで、誤解を避けることができます。

保育者が自己満足のためにくすぐり遊びをしたりスキンシップをしたりすることは、認められることではありません。あくまで、**子どもがより健やかな大人に成長・発達するための関わり方の一つ**であることを自覚し、**実践的に説明できる**ことです。

学童になるまで甘えることを経験できなかったら、成長・発達のために、**学童になっても甘えることを経験する必要がある**と思います。事実、育て直しの取り組みでは、学童になってから甘えることを経験して、その後の人生が豊かになっています。

不登校で悩む中学生でも母親に甘えることができて、育ち直り過程を歩み、自力登校していった事例を何例も持っています。乳児期から甘えることを経験しないまま生きている人に、学童期や思春期になったからといって甘えることを禁止する考え方には、子どもの成長・発達をどう考えているのかと疑問を持ちます。

## 4　子どもの育ち直りには、保育者の育ち方が密接に関係する

子どもが育つには、子どもに関わる親をはじめとする保育者の姿勢が密接に関係してい

ます。その**関わり方は、保育者自身が親や育ての親から関わられたことを繰り返している**からです。**自分がしてもらっていない関わり方は、子どもにできない**ものです。これが、子どもへの**関わり方の原則**です。

子どもの発達を促す関わり方を保育者が行なって、子どもの変化・成長が見られた時、その関わり方は有効と言えます。

例えば、子どもから「先生、大好き」としがみつかれた時、保育者自身が人格形成の基礎の一部として「人見知り・後追い」を経験している場合には、子どもを自然と受け止めて関わることができます。

しかし、保育者自身に「人見知り・後追い」の経験がない場合には、しがみつかれた時に戸惑ったり拒んだりするのです。仮にそうであっても、保育者はそのことを自覚して、子どもの成長のために必要な関わり方をすれば、子どもの成長に役立っていきます。

この時、保育者にとってもしがみつかれたことで、しがみつくとこういう気持ちになるのかと経験できます。やがて保育者は、意識することなく子どもをぎゅっと抱き締めることができるようになります。**保育を通して、保育者も育ち直る**ことになるのです。

また、指示、命令、禁止の多い関わり方をする保育者は、保育者自身が乳幼児期においてそのような関わり方をされていて、その上、疑問を持つ機会がなかったと言えます。そのような保育者は、子どもの気持ちを聞いてみるとか、子どもの気持ちを確かめる関わり方をしようとしても、すぐにはできないものです。自分が自分の気持ちや考えを聞いてもらった経験がないことを認めると、どう関わったら良いかに関心が出てきて、代弁や実況中継をしてみる気持ちになるようです。

このように、**保育者自身が関わってもらったように、今度は子どもに関わる**のが基本のように思います。ですから、**保育者は自分が関わられた関わり方をできるだけ早い時期に認めること**が大切なことです。自分の育ちのありのままを認めると、あとは見よう見まねで子どもの成長・発達のために関わることで、保育者自身が保育を通して育ち直ることになっていくのです。

## 5　保育者自身が努めること

**第3課題の「私は私、一人ではない」まで達成している人は、自分の成育歴を振り返る**

**ことができます。**この課題を達成していない人は、達成している人と比べて、自分の育ちと向き合う困難さが桁違いに違うようです。また、病気や怪我などを機に生きていることを実感し、安全・安心を実感し、人間関係の取り方が分かりかけている人は、自分の成育歴と向き合えるようです。

**自分は適切な乳幼児体験をしていなくても、子どもの成長・発達のための関わり方を行なう**ようにします。保育者が自覚することで、緊張が緩み、自分に戸惑いがあっても、子どもの成長・発達を促す関わり方を行なうと、それが子どもに伝わります。

例えば、スキンシップ不足の保育者であっても、子どもを抱くことで保育者もスキンシップを経験することになります。子どもを抱っこするとフィット感を覚えて、保育者自身の経験となります。さらに子どもの変化・成長に助けられて、保育者自身も遅ればせながらでも育ち直ることができるのです。

仮に指示、命令、禁止の関わり方を経験してきている保育者であっても、それを認めていると、子どもの気持ちを聞いていないことを認めて、子どもに謝ることができます。保育者が謝ると、子どもとの関係が一気に改善されます。子どもの気持ちを確かめてから保育者の気持ちを伝えることで、子どもの気持ちとやりとりができます。

だから、保育の仕事に就く者は自分自身の乳幼児体験と向き合い、認める機会を持つことを勧めます。**どんなに貧しい成育歴であっても、それを認めると、それ以下にはなりません。**「これが私」と思えることで、伸び代しかないことになります。保育者になってからでも、できるだけ早く自分の成育歴を認めるように心がけてほしいものです。

保育をするにあたって成育歴を認めていないと、子どもを拒むことになったり自分がされた嫌な関わり方をいつの間にか行なったりすることになります。自分がされていなくてもここまで生きてきているからと、自分の関わり方を正当化して、無意識のうちに繰り返す関わり方をしていることになります。さらにこれが昂じると、子どもへの不適切な関わり方を行なうことになっていくものと思います。

## 6　子どもの発達段階に合わせた関わり方が噛み合うようになると周囲の保育者や親に波紋が起きる

**保育者と子どもとの関わりを見て、微笑ましく受け止めることができる保育者とイライラする保育者**がいます。学生が保育実習で、子どもが求める抱っこに応えていると、保育者の厳しい目が注がれ、嫌な体験をしたという報告があります。これは、園内の保育者仲間でも起きています。

保育者自身が同じことを経験しているか、**自分は経験していなくても、経験していないという自覚**があれば、保育者と子どもとが噛み合う姿を微笑ましく思えて、認めることができます。子どもが膝に入って嬉しそうにしている姿を認めて、声かけができます。

しかし、自分に同じ経験がないと妬みの気持ちが湧き上がったり、自分がしてもらいたかったのに……と見た瞬間に無意識に拒否してしまったりするようです。そんな気持ちを誰かに聞いてもらって、冷静に受け止められるようになると、子どもの成長・発達に必要な関わり方を行なっているのだ、と受け止められるようになります。子どもの発達に必要な関わり方が、保育者は子どもにできるようになります。

**保育者自身はさまざまな発達段階の子どもを相手にする**ものです。それが、親とは違う、保育者の立場です。保育者は、どのような子どもでも受け入れて成長・発達するように関わろうとすると、保育者の育ちが問われる時機が来るのです。

## 7　保育者による保育を通しての親や保育者の育て直し

保育者によって**子どもが育ち直る変化が見られると、親はその姿に刺激を受けます。親自身の育ちが問われる**のです。

親が子育て中に何らかの事情で子どもを育てることができなかった時には、親が三つ子の魂を培っていれば、子どもの育ちを認めることができます。もし、育ちが未熟であっても、子どもの発達に関心があれば、保育者に感謝の気持ちが持てます。

保育者は、**親が子どもの発達段階を把握できないか、発達を促す関わり方が分からないのかを、把握**するのです。たとえ、クレーマーと言われる言動をする親であっても、それだけ強い衝撃を受けており、親自身の育ちと向き合えていないと理解することです。すでに保育者は子どもの育て直しに具体的に取り組んで、手応えを持っているので、親の悩みを具体的に理解できるのです。

保育者が親に助言・指導して、親から実践の報告をしてもらったら、保育者は、**とにかく実践した親を褒める**ことです。**親は初めて褒められる経験**をすることになり、**励み**となります。子どもにとっては、自分が求めている関わり方で保育者と親から関わってもらえれば、それだけ育ち直り過程をしっかり歩むことになります。

例えば、甘えることを経験していない親は、我が子が甘えてきた時に我が子を受け入れることができないのです。「お兄ちゃんだから」「暑いから」とその場限りの適当な理由を言って、我が子の求めを拒むのです。

保育者は親に、子どもが甘えてきた時の対応として「3回に1回でいいから我が子をよしよしとハグしてみてください」「積極的によしよしとかハグしなくてもいいからね」「よしよしとかハグができた時にはお話ししてね」と伝えます。

報告があった時には、「よくできたね。すごいよ」「ハグしてみて、どうだった」と言ってあげるのです。親は「子どもは嬉しそうでした」「自分が親にしてほしかったことだが、親としては子どもにしてあげないといけないね」などと語ってくれます。

**普通の親としては当然にできていいことであっても、できない自分を、保育者に認められた**ことになります。親は、自分なりに取り組んでみようという気持ちになります。そこに、保育者の援助、指導を受けたり、保育者による行動見本を示してもらったりしながら、親自身の経験していない乳幼児体験を、子育てを通して経験することになります。

## 8　保育者と親が協働して育て直しに取り組む

我が子に関わる親として、次世代育成に関わる保育者として、**親も保育者も、共に自身の育ちを認め合い、子どもが育つ関わり方をする環境が整う**ことになります。子どもにとっては、今までの不遇な環境から抜け出て、健やかに育つ過程を歩むことができるようになります。親と保育者が協働して、子どもが健やかに育つことに関わることになります。

ここに、「気になる子ども」であっても年齢相応に育っている子どもであっても、健やかな大人になる過程を歩むことができる環境が整うことになります。子育ては親が自分の子ども時代にしてもらったことを行なうことが基本ですから、子ども時代に適切に関わってもらった経験は親になった時に活かされるのです。

子ども時代に適切な関わり方をしてもらっていなくても、それを認めて、親は保育者の助言・指導を得て、あるいは保育者や他の親の言動を見本として、子どもの生涯にわたる基礎を培うように関わることです。

親も保育者もいずれは老いるのです。その時に、**子どもや孫が生涯にわたる人格形成の**

**基礎を培っていたら、老いては子に従うことができる**ようになります。私は乳幼児から老人世代までの幅広い年代の心の相談に乗っていて、このことを痛感するのです。

## 「気になる子ども」に、どう関わる？

### エプロン遊び、シーツ遊び（胎児返り）をしてみよう

保育者の膝に入って、保育者が子どもに覆い被さるような抱っこを求める子どもがいます。普通の抱っこを受け入れないので困っているが、どうしたらよいかという質問が保育者の事例検討会で出ました。

初めての事例で助言に困りましたが、**「胎教の大切さ」**を思い浮かべました。相談者の言う抱っこの姿を横から見ると妊婦の姿に思えるので、子どもはお腹の中に入りたいのかもしれないと思って、「続けてみてください」と助言・指導しました。

１ヶ月後の報告では、しばらくは私のお腹に入りたいのかと思い続けていると、普通の抱っこができるようになったとのこと。

また後日、同じ保育者からこんな報告がありました。乱暴な動きをする子どもに対して、ある時、手を繋いで座り込んだところ、保育者の股間に頭を突っ込もうとしてきました。驚いていると、そのまま高いびきをかいて寝てしまいました。少しすると、ハッと目が覚めて立ち上がり、保育者から離れていったというのです。

これらの事例から、**子どもには辛い胎児時代**があって、**そこからやり直したい**のかもしれない、と考えるようになりました。

すると、保育者のエプロンの中に執拗に入りたがる事例が報告されている時、**「エプロン遊び」**の表現があることを、保育者から聞きました。エプロン遊びとは、保育者が着用しているエプロンの中に入ったり出たりして子どもが遊ぶことです。

胎児時代からやり直したい子どもは、その遊びをきっかけに、満足するまでしつこくエプロン遊びを求めると考えました。昼寝の時に布団とシーツの間に入る事例や、カーペットと床の間に潜り込む事例なども報告されています。

いずれも、**子どもは胎児体験からのやり直し**を求めているのかもしれないと理解し、保育者は「辛かったねー」とか「寒かったかな。暖かいかな」などと言って、エプロンに入っている子どもとやりとりすることです。子どもが気持ち良い体験をするように関わることを、保育者に助言・指導しています。

自身の母親から「実はこの子を産みたくなかった」と聞いていたある保育者は、普通の保育ができないと悩んでいましたが、この話を聞いて、**自分からシーツを被り**、母親にさすってくれと頼んだそうです。母親はそれに応えてくれて、保育者がシーツから出てきたら、何か気分がスッキリしたそうです。このように、大人の体験者からも、元気が出てくるようになったと報告がありました。

学童年齢では、布団に潜り込んで母親の股間に入ろうとする事例があります。また、母親が遊び気分でシーツの中に入ると、子どもらしさのある我が子から「よしよし」と声をかけられながら撫でられていたそうです。その時、我が子の声が、まるで自分の母親の声のように思え、母親に声をかけられている感じがしたとのこと。それ以来、この母親は**生きている実感**が持てるようになったと言います。

ある50代男性は、布団を自らかぶって胎児に戻り、パートナーの女性から優しく声をかけてもらってから自ら布団を払いのけると、途端に泣けて、自分でもびっくりしたそうです。1週間ほどして、常に湧いていた投げやりな気分がなくなり、何か湧き上がるものを感じたという事例などもあります。

胎児からやり直すこうした事例は、初めから現れる場合と、ある程度甘えられるようになってからエプロン遊びをきっかけに胎児返りが現れる場合があります。いずれにしても、**気持ちよく胎児時代を経験していない人は、何歳であっても、何かをきっかけに胎児からのやり直し**をするようです。

このことから、妊娠が分かったら、母親は妊娠したことに感謝して、子どもに気持ちよく胎児時代を過ごしてもらうよう努めることを勧めます。「**胎教の大切さ**」を聞いたことがありますが、生き続けてほしい言葉であると実感しています。

## くすぐって抱き締めてみる

スキンシップを避けたり拒んだりする子ども。抱っこができてもフィット感を感じられない子ども。くすぐると笑いながらも逃げる子ども。おんぶや抱っこをするとのけぞる子ども。表情が硬かったり暗い子ども。作り笑いや作り笑顔をする子ども。カッとなりやすい子ども。すぐ手が出る子ども。力加減が分からない子ども。落ち着きなく動き回る子ども。甘えることを知らない子ども。体が硬い子ども。奇声を発する子ども。場面緘黙《かんもく》の子ども。

これらの子どもに対しては、一般的に保育者の個人的な心情としては、かわいく思えないものです。

これらの子どもは緊張しっぱなしでスキンシップを受け入れることができていないと理解して、緊張が緩み、甘えられるようにと願って関わります。子どもが受け入れるスキンシップをすることも間違いではありませんが、少しでも早く子どもに生きる実感を持ってもらいたいと期待していますので、即効的な**くすぐって抱き締める**ことを、保育者は毎日のように繰り返すことです。注意したくなった場面では、注意の代わりにくすぐって抱き締めること（内心では**「くすぐりの刑」**と思って）を心がけた保育者がいます。

子どもは、**初め拒んでも**、やがて自分から近寄ってきたりするようになります。さらに、子どもは表情が歪み、体をくねらせたりして、声を出したりしますので、子どもが**くすぐり返し**をするようになるまで、保育者が関わり続けることを勧めます。

保育者が途中で止めると、子どもは抵抗することを経験することになります。**くすぐって抱き締める目的**は、できるだけ早く喜怒哀楽の感情が動くようになってもらうことですから、途中で止めないでじっくり甘えられるまで継続することです。

子どもの発達の基礎を培うために、保育のプロとして、くすぐっては抱き締める関わり方を、1日1回、数分間続けましょう。拒み逃げていた子どもが逃げなくなり、自分から寄ってくるようになるまで続けましょう。そうすると、保育者は子どもにかわいらしさを感じることができて、一層子どもに関わる気持ちが強まるものです。

くすぐって抱き締めると、緊張の強い子ども、甘えることを知らない子どもは、**初めは拒み**ます。その様子を見て、子どもが嫌がっていると理解し、「その関わり方は虐待でないか」と捉えられる可能性があるので、気を配りましょう。

## 事例17：男性保育者からの戸惑い

年中クラスではくすぐりを拒む園児が多くいたので、男性保育者が、順にくすぐり遊びのできる子どもを増やしていった時のこと。男性保育者が男の子や女の子とくすぐり遊びをしていました。そこへ男児が近づいてきました。そして発した言葉が「セクハラだ」と聞いてびっくりしたと、男性保育者から報告がありました。

この時すかさず、「セクハラ」と言った年中児は甘えられる子どもか聞いたところ、甘えられませんとのこと。そこで、その子も無意識では甘えたいのではないか、本音を素直に自覚して言葉を発しているのではなく、誰かから聞いた言葉を使って話したのだろうと。次は、その子どもをくすぐり遊びに巻き込むようにして、感情を表に出し、甘えられるように関わってみてくださいと助言・指導しました。

**事例18：上司の「虐待かも」の言葉に驚いたが、説明した保育者**

年中クラスの担任からの報告です。甘えることのできない男児で、自分勝手に走り回ることが多かったので、くすぐって抱き締めることを始めました。初めはくすぐりを拒み、巧みに逃げていましたが、担任に近づくようになって、くすぐり遊びを楽しむようになりました。一時、担任を独り占めした時期もありましたが、担任の所在を確かめながら友達の中に入って遊んでもらえるようになってきました。

そんなある時、**上司から「くすぐって抱き締めることは、虐待ではないか」**と言われました。担任はびっくりしたのですが、「あの子は甘えることができませんでした。甘えられるようになった今では、他の子ども達の中にも入って遊んでもらえるようになりました。**あの子の発達のために行いました」と説明**したそうです。

それを聞いて、思わず私は拍手しました。**甘えることを知らない子どもの発達のために行う関わり方として、「くすぐって、抱き締める」関わり方**をする時は、しっかり**実践して発達の視点で説明する**こと。保育者の自己満足のために行なっているのではないことを説明することの重要性を伝えました。

## 寄り添って安心してもらう

何事にも怖がる子ども。土や砂にさわれない子ども。虫を異常に怖がる子ども。ゲーム・スマホいじりにこだわる子ども。しつこく手洗いをする子ども。これらの子どもは一人で環境に適応しようとしているので、時間がかかり、2~3歳になっても怖がり、怯え、避けたりするのです。

この場合、背中をさするとか後ろ抱きなどをして、子どもの関心を見ながら声をかけて慣れていくようにすることです。保育者はスキンシップをしているので、怯え具合や慣れ具合が分かります。その上で言葉を使って子どもの気持ちを言ってみたり、状況説明をしたりしてみることです。

子どもは、**保育者にスキンシップの伴う寄り添いをしてもらうことで、一人でより早く自分にとって安全・安心できる**ようになったり、身を守るように構えたり、避けたりする能力が身につくことになります。

スマホ（ゲーム）依存への心配が見られる、あるいは**依存症状態は、子どもが孤独で孤立感を持っている状態**です。スマホを自分からいじるようになるのは1歳過ぎです。健やかな発達をしているなら、第3課題「私は私、一人ではない」として「人見知り・後追い」を達成しているので、子どもは自分を見捨てない人に出会っている時機です。

スマホやゲームにこだわる状態というのは、孤独で寂しいのです。大好きな人がいない発達状態ですから、**スマホ（ゲーム）が母親代わり**となっていると言えます。

使用を制限したり使用時間を決めるばかりでなく、**保育者（母親）は母親代わり（仮の母親）**となるべく、添い寝やスキンシップをとる関わりをすることです。**子どもに心の母親（母親代わり）が見つかれば**、子どもはスマホに**しがみつかなくてもよく**なります。その結果として、子どもにとっては**スマホの位置付けは格下げとなり、スマホは道具（ツール）**となるのです。

**見捨てない心の母親が見つかるまで、あるいは母親代わりが見つかるまで、子どもが発達課題を経験する際には必ずスキンシップ**を伴います。幼児だからと言って、使用時間を決める方法を採っても、子どもに自制心は備わりません。自制するようになったとしても一時的で、子どもは納得しているとは思えません。

大好きで見捨てない人がいると、自分の気持ちを分かってくれる人を悲しませたり裏切ったりすることはできません。しかし、人格形成の基礎経験が不足して、この発達課題が達成していないと、問題解決は長引くのです。

この場合、保育者が異性の園児にスキンシップを行なうと、ハラスメントと捉える方がいますが、子どもが発達するように行なっていることを理解していないと思います。スキンシップを行なう保育者は、子どもの緊張がほぐれてしっかりと甘えられるようにすることを、実践してください。保育者が自己満足のためにスキンシップをとっているならば、子どもに変化・成長が見られないと思います。それは、ハラスメントと捉えられることになるでしょう。

## 一時的に母親代わりとなる

生後1歳頃になると、普通は母親を大好きになり、自分を裏切らないことが分かって、子どもは自分は一人ではなく、いざとなったら相談できる人が見つかります。しかし実際には、**見捨てない大好きな母親が見つからないまま入園してくる子ども**がいます。近年、こうした子どもの割合が高まっているようです。見捨てない人に出会っていない乳幼児及び子どもに対して、保育者はいかに保育するかが課題となります。

母親に助言・指導して、家庭で「人見知り・後追い」を経験するようになる場合もありますが、その課題を子どもが経験するまで、**保育者は園生活の中でいかに保育するかが課題**となります。その時点で子どもには見捨てない人が見つかっていないので、その子どもへの保育に取り組む必要があります。

**事例19：未満児の母親代わりをしてから母親に移行した**

未満児クラスのある3歳女児は、何でもできる良い子ちゃんですが、笑顔が見られないことが、保育者には気になっていました。子ども相談員をしている母親は、我が子の個性かなと思っていたそうです。他の保育者が「あの子って、甘えられるかな」と話題にしました。

担当がスキンシップをとってみましたが、抱っこするとフィット感が持てませんでした。そこで、**くすぐって抱き締めることから始めた**ところ、担当の膝に入るようになりました。しかし、母親や祖母がお迎えに来る時間になると、保育者の膝に入っていても**膝から出て、お迎えを待つ**ことに気がつきました。やがて祖母のお迎えの時の方が早くから支度して待っていることに気がつきました。

しばらくすると、母親のお迎えの時、**女児は保育者の膝に座ったまま**でした。保育者がおやっと思って見ていると、我が子が保育者の膝に入って待っている姿を見た母親は、どうしたのか一旦脇に逸れてから迎えに来ました。

翌週から女児は突然、保育者の膝に入らなくなりました。何かあったなと思って、「**お母さんのお迎えまで膝に入っていてもいいよ**」と女児に言うと、再び膝に入るようになりました。やがて、母親がお迎えに来ても保育者の膝に入って待ち、**母親と手を繋いで帰宅する姿**が見られるようになりました。

後日、母親から「私たち夫婦は共に親に甘えたことがありません。子どもには必要であると分かっていても、それができませんでした。**先生のおかげで親子の繋がりができて良かった**です。ありがとうございました」とお礼を言われたと報告がありました。

**事例20：小学1年の女児にいたずらをしている小学2年の女児への学童保育**

学童クラブで小2女児が小1女児の下着の中に砂を入れている現場を見て、小2女児に注意・指導をしたのですが、隠れて行なうようになりました。母親は元気の良い方ですが、感情の起伏がありそうで、母親と面談するか迷っているという指導員たちが来談しました。

そこで、女児の発達段階を確かめたところ、2人の女児は、くすぐれば笑うだろうとのことでした。抱っこしようとすれば、多分2人とも抱っこできるとのことでした。しかし、小2女児に対する理解が少し曖昧であったので、とりあえず**小2女児をくすぐって抱き締める関わり方から始める**ように助言・指導しました。

その後、小2女児が甘えられるように関わり続けたところ、**指導員を大好き**になりました。その頃には小1女児への問題行為を見ることがなくなり、小2女児の表情に明るさが見られ、素直に会話できるようになり、指導員のお手伝いも自ら行なうようになりました。

さらに小2女児は、小1女児にも謝り、一緒に遊ぶようになりました。母親からも感謝の言葉を聞くことができ、引き続き預かってほしいということになりました。

### 保育者は子どもに大好きになってもらうように、心を込めて関わります

母親代わりになれるように関わる際、保育者は、子どもに大好きになってもらうように心を込めて関わります。**子どもにとっては、大好きな人＝保育者が見つかることが重要です。**

本来であれば満1歳以降の子どもは「人見知り・後追い」経験を母親でします。できていない子どもは、まず、園の先生を大好きとなって、それを経験することです。**保育者が「代理ママ（母親代わり）」**となって、人に対する基本的信頼を経験することも、子どもにとって大切な経験となります。

子どもが母親を大好きになると、**父親は「最初の他人」**と位置付けられ、それまで父親と親しかったのに、一旦、父親を避けるようになります。この時、父親が大好きな母親と

親しく歓談することで、**大好きな母親を通して父親を心の父親と認識する**ようになると、子どもは再び父親とも仲好しになります。母親がいなくても父親がいれば、子どもは安心して母親を待つことができるようになります。

一人の人として、生涯にわたる人格形成の基礎として大切なことは、好きな人の中で順番づけをして、一人ではない安心感を得るようになることです。子どもは、そのために誰であってもいいので、好きな人の中から大好きな人を選び、独り占めをする経験をすることです。

**子どもが保育者を大好きになった時、家庭で経験することに似たことが園でも起きます。**子どもに関わる保育者の独り占めが起きると、周囲の保育者は子どもに一日拒まれることになります。ここで、独り占めされた保育者との関係が、子どもから教えられていることになります。

**他の保育者は、子どもの発達過程を理解して、保育にあたる**ことです。この時、**保育者一人ひとりの育ちが問われている**ことになります。子どもから見た人間関係を理解して協力していくことが、周囲の保育者に求められます。

子どもに大好きな保育者が見つかった時、**他の保育者は「大好きな人が見つかって、良**

**かったね」と言える**ことです。大好きな保育者が部屋から出る時、後を追うようであれば、**子どもは直に見ていないと心配だ**という状態なので、ついていくことを認めることです。

やがて、先生が言ったことはこういうことかと子どもが分かると、2番目に好きな人と待つことが可能となります。大好きになられた保育者は、2番目に好きな人に留守を頼むとか、頼まれた保育者は「先生は必ず戻ってくるよ。先生（私）と待つことができるかな」と応答することです。

保育者自身に「人見知り・後追い」の経験があるかないかで、保育室の雰囲気が変わるのです。

このようにして**保育者との間で「人見知り・後追い」経験をすると、子どもは母親がいたことに気がつき、母親に心の母親を求めて甘えていく**ようになります。実の母親に向かって行き、母親に受け入れられることになれば、大好きな人が保育者から母親へとスムーズに移行することになります。この時、本来の母子関係が成立することになります。

この時機、保育者として気をつけなければいけないことがあります。**移行が完了**する前にクラス替えとか転勤とか卒園があると、子どもにとっては裏切られたとか見捨てられた経験になります。この場合は、**２人（保育者と子ども）が写った写真をお互いに持つようにして、子どもにはどこまでも見守られている感覚が持てるように**することです。もし、大好きな人が母親に移行できなくても、大好きな保育者から見捨てられたと思わなくて済むようになります。

満年齢１歳未満で保育園生活を送る子どもがいます。親の都合もありますので受け入れはやむを得ませんが、子どもの発達段階を考えると、慎重でありたいです。**「人見知り」が始まる頃**であるなら、母親とのツーショット写真を持参させて、子どもが不安になった時、保育者はそれを見せてみることです。大好きな母親が見つかっている状態での園生活であっても、同じようにして関わってみることです。

**「後追い」の時期**であるならば、まず、母親にしがみついている子どもの受け入れより先に、**保育者は母親と歓談**することです。場合によっては、もう一度、母親に抱き締めてもらってから、「お母さんを大好きになれて良かったね」「お母さんは必ず迎えに来るからね」などと言って、母親の同意をもらってから子どもを受け取ることです。またお迎えの時は、**まず、母親には子どもを抱き締める**ことを行なってもらい、それから帰り支度をしてもらうことです。

**満年齢1歳未満児の受け入れにあたっては、保育者は子どもの発達段階の見極めが大切**です。母親から受け取る時、母親に渡す時など、保育者は母親の出勤やお迎えばかり優先しないで、子どもの発達に合わせた関わりが必要です。

## 母親への移行中に起きると思われること

### 泣き別れの受け入れ（受容的共感）

**保育者を大好きになってから母親を大好きになった場合**、子どもの中には、母親と別れることが辛くて、泣いて登園してくるようになることがあります。母親は我が子が泣いていても、保育者に早く渡して職場に向かおうとすることがあります。子どもは母親に「ママ、ママ」「ママがいい」と言ってしがみついたり、「おうちに帰る」と言って暴れたりして、別れるのに時間がかかります。

この時保育者は、仕事場に急ぐ母親の気持ちを察して、いきなり強引に子どもを抱き締めて母親から切り離すことがあります。いくら泣いていても自分が抱いて母親の姿が見えなくなれば、そのうち泣き止むからと自慢げに語る保育者もいます。

しかし子どもにとっては、大好きな母親に騙されたとか見捨てられた経験になります。泣き止んで遊び始めたらいいのではなく、子どもは諦めただけで、母親に対する不信感を宿すことになるかもしれません。

こうした子どもの受け取り方は、保育者としては不適切です。**せっかく子どもが母親を大好きになっても、母親は後追いの卒業のさせ方が分からない**のです。

保育者は母親の気持ちを察して**数分早く登園**することを勧めます。**母親を大好きになった我が子に「後追い」の課題を適切に経験してもらう**必要があるからです。母親と別れ難い子どもを受け取る時に、「お母さんが大好きになって良かった」「お母さんとお家で一緒に過ごしたくなったね」「お母さんはお仕事に行って、必ず迎えに来てくれるよ。それまで先生と一緒に遊ぼう」「お母さんも必ず迎えに来てくれるよね」などと、泣き喚く子どもや母親に語りかけることです。

お母さんを大好きになっている時には、「分かった。お母さんにもう一度しっかりと抱っこしてもらおう」と言って、一旦母親に抱き締めてもらうことを保育者は行なってもいいのです。

お母さんにも自分の口で語ってもらうようにします。その後なら、保育者は泣いている子どもを半ば強引に受け取ってもいいでしょう。別れた後も子どもの気持ちを汲んで、繰り返し話すことです。

保育中、子どもがどうしても母親を思い出すようであれば、**母親とのツーショット写真**を持たせておいて、子どもに見せることもできます。そしてお迎えの時、保育者は「ほら、お母さん迎えに来たよ。分かったかな」「必ずお母さんが来てくれることが分かってきているようだね」と子どもに語りかけることです。

**保育者は母親に、「人見知り・後追い」を適切に子どもに経験させることの大切さを説明**しながら、**母親に後追いを卒業させる行動見本**を示すことになります。

**帰宅拒否・登園しぶり（母親への移行）**

大好きな人が保育者から母親へ移行している最中に起きると思われることが、もう一つあります。「帰宅拒否」「登園・降園しぶり」です。保育者を大好きになると、子どもの中には、母親が迎えに来てもすぐに帰ろうとしないことがあります。保育者は子どもとお帰りの支度をしたにもかかわらず、子どもは遊び始めたり持ち物を隠したりして、帰宅するまでに時間をかけることがあります。迎えに来た母親は、急いで帰ろうとするものです。早く親に子どもを渡すことではなく、保育者は子どもの気持ちを代弁するように努めることです。**保育者は、帰宅しぶりをする子どもの気持ちを察する**ことです。

例えば、「お母さんがもう来るかなと待っていましたよ」「まず、お母さんに抱っこされたいのかな」「お忙しいでしょうけれど、お母さんにちょっと見てもらいたい物があるようですよ」などと言います。

保育者が子どもの気持ちを伝えることで、親が応答すれば、子どもは母親への信頼が強まることになります。子どもは納得して母親と家路につくのです。

この時、母親を大好きになったにもかかわらず、母親がしっかりと受け止めてくれていないと、それを子どもが保育者に訴えている可能性もあります。保育者がお母さんのお迎えを告げると、園庭に出て行ってしまい、「お母さんじゃない」と保育者に言うこともあります。

子どもは、**お母さんを大好きになっても、お母さんが受け止めてくれないので、「先生、助けて」と言っている可能性**があります。保育者は日中の保育で、「お母さん、抱っこしてくれないかな」「そうか、それは寂しいね」などと子どもの気持ちを確かめるやりとりをすることです。

我が子の気持ちを分からないのは、母親に「人見知り・後追い」の経験がない可能性が高いのですが、その場合、子どもにとって必要な経験であることが分かっていないこともあります。

**保育者が子どもの気持ちを分かろうとしていると、子どもは母親が受け入れてくれるまで挑戦**するものです。保育者は、母親に受け入れてもらうように挑戦する子どもを受け止めて、子どもを励ましたり支えたりすることが大切です。

時には、子どもと母親の間に入って保育者が話をしていいか子どもに聞いてから、「人見知り・後追い」がお友達作りの基礎経験になる大切な経験であることを母親と話して、側面から母親を援助することを行なってもいいでしょう。

**事例21：登園しぶりの3歳男児**

入園して2年目の3歳男児です。未満児クラスの時から園内では元気な子として話題になる「気になる子ども」でした。担任になってみると、なるほど男児は元気の良い子でした。

担任は機会を見つけて抱っこしてみましたが、**フィット感を持てません**でした。担任は同僚に頼んで男児を抱っこしてもらいましたが、やはりフィット感が持てないとのことでした。そこで、毎日時間を見つけては男児をくすぐっては抱き締める関わり方をしました。

初めは、担任がくすぐろうとすると、男児は逃げるので他の子どもとくすぐり遊びをして、その男児の様子を見ました。すると、男児は遠くから見ています。今度は、子どもたちに男児を誘ってくるように頼みました。子どもに誘われて男児が近くに来たので、担任は再びくすぐって抱き締めることを始めました。

１ヶ月もすると、男児は担任を独り占めするようになり、**担任を心の基地（拠り所）**にして遊びに行くようになりました。

担任が一息つけると思ったのもつかの間、泣いて登園するようになりました。母親が男児を置いて仕事場に向かおうとすると、母親にしがみつくようになりました。男児に「お母さんが見つかったの。お母さんを大好きになったの」と声かけると、母親が「この頃、家でもよく抱っこを求められて、困っています」とのこと。担任は、「今日のお迎えの時、時間を作ってください」と頼んで、母親にもう一度男児を抱き締めてもらってから男児を抱き取りました。

お迎えの時、母親と話し合ったのですが、母親は「抱っこを求められて嬉しいけれど、やることがいろいろとあるので、相手をしている暇がない」と言います。担任は「初めは甘えることができなかったのですが、**今は甘えられるようになり**ました。お忙しいでしょうが、今のうちに、**ちょっとでいいので初めにぎゅっと抱っこ**して、家事をしてみてください」と助言しました。

しばらくして母親から「先日はありがとうございました。先生に言われたようにしてみたら、子どもが落ち着いてきました」とのこと。男児の登園しぶりもほとんど見られなくなりました。

**事例22：帰宅拒否をしている4歳女児**

担任は、女児が3歳児クラスで「甘えん坊」と言われていたことを知っていました。4歳児クラスで担任となって女児を担当することになりましたが、4月から担任を遊び相手として求めてくるようになりました。女児の相手をしていると、**自分の気持ちをはっきり出すことが苦手**だなと思いました。

そこで、女児の相手をしていて、女児が思っていても言いにくそうな時には、**女児にま**

**ず自分の気持ちを言ってみる**ことを勧めました。

しばらくすると、母親のお迎えの時、女児は素直に帰宅しなくなりました。母親がお迎えに来ると、わざわざ園庭へ出て、鉄棒や雲梯をするようなりました。母親は早く帰りたくて、「早く、帰るよ」と声をかけますが、なかなか応じません。だんだんと母親は女児の行動に苛立ちを見せるようになりました。

担任が保育中に女児に聞いてみたところ、母親に「雲梯や鉄棒を見てほしい」と言うのです。**自分で母親に言うか、先生が母親に伝えるか女児に聞いてみた**ところ、自分で言うとのこと。他の園児のお迎えの相手をしながら担任が様子を見ていると、数日間は母親をイライラさせていましたが、**女児は「見て、見て」**と母親に言っていました。しかし、母親は帰りを急ぐ声かけばかりしていました。

そこで、手が空いた時に、担任が母親に「お母さんはお急ぎのようですが、最近、力がついてきて鉄棒や雲梯ができるようになったので、**見てもらいたいようです**」と伝えました。**母親は「えっ」**と呟きましたが、雲梯をしている女児の傍に行き、何か話していました。そして、親子は手を繋いで家路につきました。

翌日、母親は保育者に「子どもの相手をしていなかったと反省しました」とのこと。それからは、母親はすぐに帰ろうとしないで女児と会話してから帰るようになりました。

**事例23：降園しぶりしたことのある成人の娘**

「人見知り・後追い」の話を耳にしたある母親が、思い出したことがあると言います。母親が園にお迎えに行って帰宅しても、娘が車からなかなか降りなかったことがあるそうです。成人した娘にその時のことを思い出してもらいました。「どうして車から降りてこなかったの」と聞くと、今では成人している娘は「お母さんと少しでも長くいたかったの」との返事。母親がすぐさま謝ったところ、「もういいよ」と返事がありました。

母親は当時を振り返って「急いで家事をしなくてはと思って、先に家に入っていた。子どもの気持ちに関心がなかった」と改めて反省したと語っていました。

**まず、子どもの言い分（子どもの気持ち）を聞いてみよう**

**誰にでも言い分があるもの**です。誰かに聞いてもらいたいが、聞いてもらえなければイライラしたり、拗ねたり、反発したりします。

発達途上では、一般に「イヤイヤ期」と言われる1歳半頃から3歳頃の時期の子どもの言動に現れます。

私は、「イヤイヤ期」とは子どもの成長・発達に沿った言葉だろうかと疑問を持っています。「イヤイヤ期」と表現する前は、「自我の芽生え」とか「第1反抗期」などと表現された時もあります。

そもそも子どもはこの時期、わざわざイヤイヤして大人になっていくものでしょうか。保育者や親の言うことに、子どもはすぐに従わないで、**自分の気持ちに沿って自分がしたいことをしている**のです。子どもが保育者の言うことを聞いて子どもがすぐ行動を起こさないので、子どもが「イヤイヤ」していると表しているようです。

そもそも子どもは「人見知り・後追い」の発達課題を経験すると、「自分は自分」「お母さんはお母さん」と別の人格であることが分かってきます。母親が自分を置いてどこかへ行かないことが分かると、子どもは身の回りに関心が向きます。**一般に言うイヤイヤ期の前半では自意識が芽生え**、1歳半頃には**言葉を覚え始め、自己主張できる**ようになります。子どもが言葉を覚えて、単語や1語文、2語文でやりとりできる頃です。

例えば、「お兄ちゃんたちと同じように滑り台を逆さに滑りたいの。大丈夫かな」「ブランコが漕げるようになったね。もっと漕げるようになりたいのかな。でもお友達が待っているから、あと5回漕いだら交代しようよ」「自分では組み立てられると思って取り組んでみたけど、できなかったので悔しいの（泣けるの）」などと、**子どもの言動を見て、子どもに言ってみる**ことです。これを**「代弁」**と表しています。

それを、何も言わずに保育者の言うことに従わせようとすると、子どもは自分の気持ちを言われていないので、先生には分かってもらえていないと思い、我を張るように自分のしたいことを続けるのです。**保育者には自分の言動を言葉で言ってほしい**のです。それを聞くと、子どもは保育者に返事をします。**言葉を使った「やりとり」を保育者としたい**のです。

保育者には保育者で進行の都合があるのは理解できます。しかしその時、保育者は、まず、子どもの言動を見て、子どもの言動を言葉で一声かけましょう。

2歳頃になると、**保育者の応答次第で**子どもとの**やりとりが長続き**するようになります。こうなると、2歳半頃から一般的に言う**「イヤイヤ期」の後半**になります。子どもには先の見通し・自分なりの考えが持てるようになるのです。**子どもは自分なりに計画性を持っ**

**て言動するし、相手にも考えがあることが分かる必要**があります。

例えば、保育者が一輪車に乗っている子どもに「一輪車、上手に乗れるようになったね。あと1周したらお友達と交代できるかな」と言っても、それを聞いた子どもが乗り続けていると、保育者は「もっともっと乗りたいの。お友達が待っているから、あと1周で交代しよう」と言います。子どもは頷きましたが、さらに乗り続けています。保育者は「分かった。もっともっと乗りたいのね。そうだ、あと2周乗っていいよ。2周が終わったらどうしても代わってもらうからね」と声かけし、待っている子どもにも「もう少し待っていてね。たくさん乗りたいようだけど、2周で代わってもらうからね」と言います。

2周が終わるところで交代するようなら、「交代するんだ、偉かったね」と言うことです。続けて乗ろうとするなら、一輪車を止めて「先生は譲ったよ。これ以上は譲りません。交代です」と言って交代させます。ただ何周も乗りたいだけでなく、子どもなりに早く回ろうとか、線に沿って回ろうとか目的を持って乗っている可能性があります。**譲らないで乗っている時に、どんなつもりで乗っているかを観察する**ことも大切で、それが分かると声のかけ方も変わってきます。

子どもなりに自分の都合と保育者の言うことを天秤にかけて、自分の気持ちを優先させようとします。ただ、**はじめは自分の都合をどう言ったらいいか言葉にできない**のです。できることと言えば自分のしたいことをすることで、保育者からの次の声かけを待っているのだと思います。

だから、そうした子どもなりの考えを持った行動を把握しようとしないで、保育者が自分の都合を先にして子どもを従わせようとする声かけをすると、保育者の思うようには進みません。子どもは「イヤイヤ」と抵抗したり拗ねたりするのです。

昔の人は、**「3歳になったら一人前に扱うこと」**と言いましたが、なるほどと思います。この時期、**保育者は子どもの言動を見て、はじめに先に子どもの気持ちを聞いてから、保育者の気持ちを伝える**ことです。

このようにして関わっていると、子どもは「待って!」「もう1周したらね」とか「ここまでしたらいいよ」などと言葉で表現することができるようになるので、保育者は関わりやすくなります。

これを、子どもは**譲ったり・譲ってもらったり**といった、すなわち**交渉する**ことを学びたいのだと理解します。

一般に言う「イヤイヤ期」の子どもには、子どもの言動や考えを確かめながら、保育者の都合や考えを言うことです。保育者とのやりとりから、子どもはどのように自分の気持ちを言ったらいいかが分かり、言葉で表現するようになるのです。話せるようになるのです。

**事例24：イヤイヤ期の前半（自己主張）**

2歳児が砂場で遊んでいます。保育者が子どもたちに向かって「お片付けしようね」と言ったら、女児が「待って」と叫びました。そして、呼びかけた保育者のもとへ歩いていきました。保育者は女児を抱っこして何かお話をしていました。保育者から下りた女児は、遊んでいたところに戻って、片付け始めました。そこへ保育者が来て、飯事《ままごと》セットをまとめて持ちながら、女児と手を繋いで所定の場所に移動させました。

保育者の呼びかけに女児が「待って」と言えるようになるまでは、保育者が遊び続ける場所まで行って、女児の気持ちを聞いてから、女児がお片付けするように声かけするのです。女児は、自分の気持ちを言葉で言ってもらえれば、保育者に自分の気持ちが通じていると安心するので、保育者の言うことも耳に入れることができるのです。

**事例25：イヤイヤ期の後半（交渉）**

泥団子作りが流行っている時でした。４歳男児は、自由遊びの時間に夢中で作っていました。保育者が「そろそろ給食にするので、手を洗ってお部屋に入りましょう」と皆に声をかけました。大方は部屋に入っていくのですが、その男児のみが泥団子を作り続けていました。

そこで保育者は「お給食ですよ」ともう一度声をかけ、他の子どもの片付けを手伝っていました。それが終わっても男児は泥団子を作っていました。保育者は「お部屋に入るよ」と声をかけたのですが、泥団子作りを続けていました。

保育者は男児の傍に行って、**「お給食だよと言ったけど、知っていましたか」**と言うと、男児は頷きました。そして部屋に入るよう催促したのですが、男児はそれを無視するように泥団子を作り続けました。園庭には男児のみとなり、強引に連れていくわけにもいかず、保育者は困りました。

先輩のアドバイスを思い出した保育者は、男児に「あといくつ作ったらお部屋に入るのかな」と聞くと、男児は「３つ」と返事をしました。保育者はそのままでは時間がかかると思って、男児に**「先生が１つ譲るから２つ作っておしまいにしよう」**と言いました。男児は頷いたので、「先生は皆がお部屋に入っているからお部屋に行くよ。2つ作ったらお部屋に来てね」と言ってその場を離れました。部屋の中では、「先生、〇〇君、まだ泥団子作っているよ」と、何人かの子どもが訴えました。保育者は「そうだね」と言って**事情を話して皆で待つ**ことにしました。

やがて男児はお皿に泥団子をのせてテラスに戻ってきました。お皿を見ると、あの後一つ作っておしまいにしたようです。保育者は、**「一つ作って、おしまいにしたのね。偉かったね。みんな待っていたよ」**と言うと、男児は満足そうな笑みを浮かべて頷いていました。

やがて、同じような場面で保育者の声かけに、男児は「一つ作ったらおしまいにするけど、あとから作りたい」と言ってくるようになりました。男児は男児なりに泥団子を作りたい気持ちと、皆が待っていることとを天秤にかけて調整するようになりました。

## 子どもに変化・成長が見られなかったら、まず、「ごめん」と謝ろう

### 次世代育成者の責任

**保育者の使命**からすれば、**子どもの育ちを認めて、さらに発達を促す関わり方をする**必要があります。それができていなかったり、子どもが育ち直っていなかったりしたら、**まず、保育者は子どもに謝る**ことです。すると、子どもとの関係が驚くほど早く変わります。「人見知り・後追い」を経験している保育者は、自分が間違っていたと気がつくと、子どもに対してでも自分から「ごめん」と謝っています。保育者から仕切り直して、子どもの言動を見て、声をかけ直すのです。

### 事例26：突然荒れ始めた年長児への対応

年長クラスの男児ですが、年中の時からの担任で、持ち上がっています。年長となってからは、男児は友達とのトラブルも少なく遊べるようになってきていました。秋になって、突然のように荒れるようになって制止が効かなくなりました。なぜ荒れるのか保育者間で

話し合っても思いつかなくて、担任としては困っていると相談がありました。

年中の時、担任がその男児を「気になる子ども」として発達段階を見直して甘えられるように関わったところ、担任を大好きになり、一時は独り占めをしたこともありましたが、担任を心の基地（拠り所）にして友達の中にも入って遊ぶようになったとのこと。

私は、一応第3課題「私は私、一人ではない（人見知り・後追い）」までは経験していると見立てました。**担任に荒れ始めた時期を聞くと、小学校の1日参加があった頃**からだと保育者の声がありました。

担任を含む保育者は、男児が怪我をしないように**制止することばかり**に関心がいき、**何があったかを聞いていない**とのこと。可能性として卒園を寂しがったのか、もっと保育園に通いたかったのかなどが考えられるので、男児に聞いてみることを勧めました。すると、母親が「もう保育園は行けないよ」と言ったらしいとの情報が得られました。

そこで、**男児の気持ちを聞かずに制止していたことを詫びてから、1日入学で何か嫌なことがあったのではないかと、男児の気持ちを聞く**ように勧めました。

しばらくして、担任から報告がありました。それによると、子どもに謝ってから何があったか聞いてみたところ、男児は母親の話から**「明日から保育園には行けない」と受け**

**取って**、腹が立ったとのこと。その後、荒れることも減ってきて、友達とも遊ぶようになっているとのことです。

**子どもの育て直しの過程で、子どもが親に詫びるように働きかけることがある**

保育者が子どもを育て直す関わり方を行なうと、保育者によって子どもが育ち直る過程を歩み始めます。しかし、子どもがどんなに保育者に懐いても、子どもには、保育者は所詮「先生」です。**子どもは保育者との経験をもとに、親との関係改善を図る**ようになります。

それに応えようとしない親に対して、子どもから訴えが始まります。登園しぶりや帰宅拒否（降園しぶり）という形で保育者に訴えることがあります。これは、育て直しを行なってくれて信頼感が高まっている保育者に、自分の親の在り方を理解してほしくて、さらなる支援をしてほしいと思った行動ではないかと考えます。

親が我が子を受け入れない時に、子どもからこうした行動が起きるようです。自分を育て直してくれた保育者に応援をしてもらおうとしているのです。

だから保育者は**子どもの挑戦を支えて、子どもからの取り組みで関係改善となるように、子どもの話し相手**になったり、**子どもと親の間に入って調整**したりすることです。

**事例27：年中男児が泣きながら登園した**

男児は3年保育の2年目で、前年から担任をしている保育者からの相談です。年少の後半から、自分の思うようにならないと友達を蹴ったり叩いたりするようになりました。その時、担任は背中をさすりながら、「嫌なことがあったかな」「お話を聞くよ」などと声をかけていると、「だって、オモチャを貸してくれなかった」と言うようになりました。普段の保育の中で、担任はできるだけ男児の気持ちを代弁したり、丁寧に聞くようにしたりしていました。男児は、友達とのトラブルも減ってきて、友達とも遊べるようになっていました。

ある時、突然、いつもより早く、泣きながら一人で登園してきました。驚いて担任が出迎え男児に何があったか聞こうとしたら、母親が園児のカバンを持って後を追ってきました。男児は「ばか！　来るな！」と叫びました。母親によると、男児がテレビを見ていて支度が遅いので「早くしなさい」と何度も言ったそうです。男児はテレビが終わると、そのまま園に向かって家を飛び出したそうです。

男児の話を聞くと、いつも見ているテレビアニメなので、見終わってから支度するつもりでいたそうです。しかし母親は「いつもテレビばかりを見ているから」と言います。担任が男児に「アニメを見てからでも支度はできるのかな」と聞くと、男児は頷いていました。母親は「だって、帰ってくると、いつもテレビばっかり見ているから」と言っていました。

親子のやりとりを見ながら担任は、男児が自分の気持ちを分かってほしいのかなと思い、それを男児に言ってみると、担任の目を見てしっかり頷きました。そこで母親に「この頃、友達の間で、そのアニメのこと話題になっているようです」と伝えると、母親は男児に「ごめんね。そう言えばそうね」と謝りました。すると、男児は気持ちがおさまったようでした。

**事例28：親子の集いに参加してきたある親子**

3歳男児とその母親が、親子遊びのイベント会場に入ってきました。母親は所定位置に座りましたが、男児は嬉しかったのか、他の子の後を追って所狭しとばかりに走り回ります。保育者はその様子を見ていましたが、イベントの指導者が親子遊びを始めても走り回っています。保育者が母親の傍に座るように何度も声をかけますが、何人かの男児の走り回りは続きます。母親も座ったままで子どもを落ち着かせようとはしません。

そこで私の助言で、保育者に一人の子どもをくすぐっては抱き締めることを始めてもらいました。私は傍でその保育者を支援することを始めました。

しばらくすると、走り回っていた男児が私の前に仰向けに寝そべりました。私は、この男児も同じことをしてもらいたいのだととっさに判断して、くすぐって抱き締めることを始めました。初めはほとんど動きませんでしたが、くすぐりを続けていると、男児は体をくねらせ始め、顔が緩み始めて、声が出始めました。やがて、大声で奇声を発し始めました。

私は、「それでいいよ」「辛かったねー」「嫌なことは大声で出してしまいな」などと声をかけていました。やがて男児は大声に間隔が開くようになり、思い出して泣くようになり、少しの間おとなしくしていたと思ったら、赤ちゃんのような泣き声が聞かれるようになりました。

しばらくすると、男児が突然「ママ」と言ったので、「ママいるよ。お母さんのところへ行く?」と応答しました。男児は即座に首を横に振ります。少し合間を置いてまた繰り返しました。今度は「お腹すいた」と言うので、「そうだね。お昼にしようか」と言うと、即座に首を横に振ります。この時、男児には現実感がないのかなと思いました。

少しして、男児はまた「ママ」と言うので、「お母さん、傍にいるよ。お母さんところへ行く？」と再び応答すると、今度は頷きました。あれっ、反応が変わったぞと思いましたが、様子を見ていたら、また「ママ」と言うので、同じように応答しました。すると男児は体を起こしかけたので、それを補助したところ、さっと傍にいる母親に抱きつきました。

傍に来た母親には他のスタッフが背中をさすりながら「お母さん、よく頑張ってきたよね」と語りかけていました。するとお母さんは「頑張ってきました、今も頑張っています」と返事をしていました。

子どもが母親に抱きつくと、母親は子どもの背中に手を回しながら、「ごめんね」と言いました。男児が頷いたように見えたので、私が「今、お母さんがごめんねと言ったら、子どもさんが頷いたね」と言うと、母親の背中をさすっていたスタッフが、私の言ったことを繰り返して母親に言いました。お母さんが同じように「ごめんね」と言うと、男児ははっきりと大きく頷きました。

その後、会場の玄関に向かいましたが、男児が手を差し出しているのに、お母さんは気がついていませんでした。そこで、「子どもさんが手を繋ごう、と手を出していますよ」と言うと、お母さんはさっと子どもと手を繋いで歩いていきました。この母子の光景は母子関係の繋がりを感じる微笑ましいものでした。

## 子どもに詫びるまで、保育者は子どもの首を真綿で締めていることになる

保育者だけでなく親であっても、我が子（子ども）を健やかな大人にする責務がありま す。それができていない時は、保育者・親としての責務が果たせていないのですから、保育者・親であっても子どもに対して、まず、**その時の気持ちで謝る**ことです。

保育者や親は、自分なりには良かれと思って保育や子育てを行なっているものです。しかし、赤ちゃんが大人になる道筋に照らしてみて、間違っていたり不適切であったりしたことに気づけば、それを認め、「ごめん」と謝って子どもに頭を下げることです。**子どもに詫びるまで、保育者・親は子どもの首を真綿で締めている**ことになります。

詫びた瞬間から、子どもとの関係に親密感が持てます。そこから共にやり直しが始まります。自分ができなくても、他の人の力を借りて子どもは成長・発達していきます。

真綿でなく紐であれば、子どもも気がつきやすく、他に助けを求めることもできると思います。しかし、真綿では、保育者や親は自分のしていることの間違いや子どもの苦しみを感じにくいと考えます。

**保育者・親が謝ることは、子どもの教育**にもなります。保育者や親であっても自分が悪かったと思ったら、子どもに謝ります。そうすることで、子ども自身が、自分が間違っていた時は自分から謝り、相手の許しを得るようになるからです。

### 事例29：保育者が子どもに謝った

年少の時、ある女児は友達をいじめたことがあって、園全体を巻き込む大騒動となりましたが、親が謝ってなんとか収まりました。

年中では新人保育者が担任となりました。先輩や上司から聞いて年少の時のことは耳に入っていましたので、女児の動きを気にかけていましたが、特に気になることはなく初冬を迎えました。女児がおとなしいなと思っていたら、年少の時にいじめていた子どもたちからいじめを受けていました。

担任はいじめている子どもたちに「いじめてはいけないよ。仲好く遊びましょう」と何度も注意していましたが、担任の見えないところでいじめを行なうようになりました。年少時のこともあり、先輩と共に相談に来たのです。

私は、年少時からの様子を聞きましたが、いじめの解決方法で見落とされていることが分かってきました。まず、女児たちの発達段階を踏まえた解決の取り組みではなかったことです。特に、女児にいじめられた子どもの発達段階を聞いたところ、母子関係も成立していなくて、孤独状態だったと見立てました。

そこで担任に、女児の発達を踏まえた保育をしていなかったことを認め、**いじめられていたことに気がつくのが遅くなったことを女児にお詫び**しよう。その上で、**母親代わりになるつもりで、毎日女児を抱き締めることから始めよう**と、助言・指導しました。

一ヶ月後の報告では、まず女児に謝ったところ、女児は担任に飛びつくように抱きついてきたそうです。女児をしっかり抱き留めてから、これから頑張ろうねと話したそうです。毎朝、女児は登園してくると、担任に抱きつくようになりました。一週間もすると、担任とお話しするようになり、担任と遊ぶようになりました。そこへ他の子どもたちも加わって遊ぶようになり、女児をいじめていた子どもたちも加わるようになりました。母親にも明るさが出てきて元気に行動するようになっているとのこと。

このいじめ、いじめられ問題では、女児が育ち直ることで母子関係の改善が見られて、クラスメイトとも遊べるようになって、女児は無事に卒園していきました。

**事例30：親がその親に謝罪された**

小さい子をつねったり、小動物を虐待したりすることが、年中になってまもなくから現れてきた女児がいました。保育園として、2年目の年中女児にどう保育したらいいかと相談がありました。

女児の発達段階を見立てるように伝えたところ、女児には泣いたり怒ったりする感情の動きは見られて、甘えたがるとのこと。そこで、担任には母親代わりになるつもりで、まず、女児をしっかり抱き留めることを勧めました。

するとまもなく、女児には担任を独り占めする言動が現れました。その後、担任の所在を確かめながら友達の中に入って遊んでもらえるようになりました。

一方で、保育園の主任が母親と世間話をするようにしたところ、愚痴を聞くようになりました。母親は、自分の母親が病弱な（自分の）姉の世話に追われ、曽祖父母に養育を受けたとのこと。病気になって母親に見てもらいたかったそうですが、病気になれなかったので親に甘えられなかったと言います。

その後、実家によく通っていた母親でしたが、急に明るい顔になったことに主任が気づきました。母親に何か良いことがあったかと聞くと、主任に幼少時代の思いを話した後、自分の母親に自分の思いを打ち明けたところ、小さい時からそんな思いでいたのかと驚くとともに、寂しい思いをさせて悪かったと母親が謝ったそうです。母親が話を聞いてくれて、謝ってくれたので、女児の母親は気持ちがスッキリしたそうです。

# 人生をやり直している人たちから学んだこと
## ——育て直し活動から分かってきたこと

**保育者が子どもに関わる時、最初に行うこと（年齢相応の発達と実際の発達）**

**担任**となった保育者は、**クラスの子ども一人ひとりの発達段階を把握する**ことに努めることです。

引き継いだ個人記録を見たり、前担当者や子どもを知っている保育者などに聞いたりして、子どもの発達段階の仮説を立てることです。実際に子どもを前にしたら、自分なりに仮説に従い、一人ひとりの子どもの発達段階の把握に努めることです。

私は、1980年代から保育事例検討を通して保育に携わってきました。振り返ってみると、この40年ほどの間に、保育園では「気になる子ども」（『「気になる子ども」どう理解する？』18頁参照）が増えて、保育が難しくなっているからです。

保育者養成校で、保育者養成にも携わったことがありますが、クラスは年齢相応に発達している子どもばかりで構成されていることを前提にした保育計画を立て、実施しているパターンは変わっていないように思えました。年齢相応に育っている子どもの姿と実際の一人ひとりの子どもの姿では大きな隔たりがあるにもかかわらずです。

近年では残念なことに「気になる子ども」が増えていると言えます。しかも、年齢相応に育っている子どもの占める割合がかなり低下しています。**「人見知り・後追い」を経験している子どもの占める割合も、半分を切っている**と推測しています。それだけ保育者による保育が困難になっていると思うのです。

**エプロン遊び**（131頁参照）を1～2回経験すると満足して他の遊びに行く子どももいます。これは、遊びとしてのエプロン遊びです。しかし、これをきっかけに、しばらく繰り返す子どもが何人かいます。子どもたちの様子を見ていると、**胎児返り**をしているようだという報告を保育者たちから受けてもいます。

このような子どもたちで構成されているクラスに対しても、担任は満年齢を基準にした保育計画を立て、保育を行なっていることが多いと思います。加えて、親や周囲の保育者からは満年齢相応のクラス運営を期待されるので、ついつい指示・命令・禁止の関わり方を行なって、「まとまったクラス」と言われるように保育するのです。

厳しい先生の代替に入った保育者からは、「子どもがのびのび遊んでいる」「羽目を外す子どもが目立つ」などといった報告を受けることがあります。それを知った厳しい先生からは、「あなたがしっかりしていないからだよ」と言われ、考え込む保育者がいると聞いています。

一人ひとりの発達を踏まえて、保育者は保育計画を立てて実施するようになっていますが、それをするためには、**「生涯にわたる人格形成の基礎」**を**具体的に知る必要**があります。加えて、保育者が**どのように子どもに関わると、子どもが年齢に相応しい発達段階に至るかを知る必要**があります。

ここでは、私の提唱する7つの発達段階を手掛かりに、保育者による子どもの理解の仕方と関わり方を提案します。

**年度途中からの取り組み**

クラスが落ち着いてくると、担任は手のかかる子どもがいることに気がつくことがあります。その子どもの発達段階をチェックして、育て直しに取り組むことになります。**担任が「気になる子ども」との関わり方に手応えを持つ頃になると、他の子どもたちがざわつき**始めます。例えば、担任と「気になる子ども」の間に割り込んできたり、その時に限って友達とトラブルを起こしたり、遠くからじっと睨みつけるようにして見ていたりする子どもがいます。その結果、クラス全体の活動に収拾がつかなくなることがあります。

周囲からは、いちいち子どもに聞かず、もっと早く子どもを動かせばいいのにと疑問の目が向けられたり、同じ子ばかり抱っこしているとの疑問の声が上がったりすることになります。こうした周囲の思いは、まとまっていたクラス活動が崩れては良くないとの思いからでしょう。**担任が子どもの発達に合わせた関わり方を行なっているという理解者**がいれば、担任は育て直し保育を続けることができます。

保育者が手のかかる子ども一人ひとりの育て直しに取り組み、子どもが保育者を必要とする時には保育者が個別に対応してくれることが分かると、クラス活動はまとまってきます。ですから、**年度途中で「気になる子ども」の育て直しに取り組むと、一旦クラスのまとまりは乱れることがある**ことを、保育者はあらかじめ予想しておくことです。これは、保育者が「気になる子ども」の発達に合わせた関わり方をすると、自分もしてほしいと思う子どもが何人かいるからです。

年度当初に担任は、まず、一人ひとりの発達段階をチェックすることから始めることの大切さが分かります。

**4月（年度初め）からの取り組み**

育て直しの取り組みに手応えが持てるようになった保育者が担任になった**年度初めに行うことは、一人ひとりの発達段階を把握する**ことです。個人記録、引き継ぎ書、前年度の担任などから情報を得られると、それを参考に自分で確かめることになるので、発達チェックは早く行なえると思います。

**ゴールデンウィーク明け**くらいから、保育者は、**発達段階の低い子どもから底上げを図るように育て直しに取り組む**ことです。「気になる子ども」が何人いるかにもよりますが、クラス全体でまとまりある活動ができるようになるには2〜3ヶ月を要することになるようです。

秋になって運動会の練習が始まる頃には、担任の指示に従ってまとまりのある行動ができるようになります。1学期には、ベテラン保育者がクラスをうまくまとめていたのに、

2学期になって運動会の練習が始まると、まとまりがなくなることもあるようです。
保育者が加配される時は、加配保育者が加配対象児一人ひとりの発達段階を把握して、全体の保育活動の中で適宜育て直しに取り組むことです。すると、対象外の子どもが加配者に個別対応を求めてくることがあるとも耳にします。あるいは、担任が個別対応のできる時間に個別対応していると、他の子どもまでもが個別対応を求めてくるとの声を聞くようになっています。

**その他の取り組み例**

◆あるマンモス幼稚園では**入園式後2日間は新入園児以外をお休みにして、職員総出で新入園児との保育時間を設定**しています。そこでは、1職員7〜8人の子どもを担当して、くすぐって遊ぶなど全身を使ったふれあい遊びを行ないます。
その後、クラスごとの保育に入ったら、手のかかる子どもの数によって職員を加配して発達の底上げを図ると、夏になる頃には、担任1人で年少クラスを運営できると聞きました。

◆**新規入園申し込みの時に、保育者が一人ひとりの発達段階をチェックして、入園までに**

**家庭で取り組む親の関わり方を助言・指導**します。毎月実施する園庭開放の時に、親子での来園を促します。そこで、子どもの様子を見ながら母親への指導、援助をすることで、4月からの保育がやりやすくなっているとの報告も受けています。

◆**新入園の時点で、まず、保育者はくすぐり遊びを取り入れて、子どもが甘えられるようにする保育を取り入れています。**その結果、1ヶ月ほどでクラス活動に入ることができる子どももいれば、半年、1年かかる子どももいます。次のクラス担任に引き継ぐ子どもがいることを承知して、卒園までの期間で少しでも生涯にわたる人格形成の基礎を培うように努めている園もあります。

## 保育者による保護者への理解と助言・指導

担任をすると、送迎時に保護者からの相談を受けたり悩み事を聞いたりすることはよくあることです。保育者の役割として、子どもの保護者に対して、保育に関する助言・指導をすることになっています。児童福祉法でも保育者の行う仕事と謳っていますが、保育者には避けて通れない仕事です。

## 保護者とは

保護者とは、現に子どもの養育にあたる人で、子どもに対してその「親」と言われることを原則とします。同時に「親」はその親に対して「子ども」です。里子を育てる時には、保護者は「里親」と呼ばれます。養子を育てることになれば、親は「養親」と言われます。基本は、子どもの親と呼ばれる最初は「産みの親」です。子どもを産んだ後、「産みの親」は「育ての親」となります。

「育ての親」は我が子が健やかに大人になるように関わる責務があります。特に乳児期は母親中心の関わりで子どもは育つので、母親の関わり方が子どもの成長に重要な影響を与えます。父親は、母親がより安心して子育てに臨めるよう母親に寄り添い、子どもが健やかに育つように図ることです。

親だからと言って、親は子育てに万能ではありません。親にできないことは、「育ての親」を見つけ、助けてもらいながら我が子に関わることです。その一つに、保育の役割があると考えます。

しかし、保護者が「育ての親」である保育者に任せ切ることは、保護者の責任を放棄することになります。園時代はそれで済むかもしれませんが、思春期以降になってくると親は我が子に責められたり、親として自信が持てなくなったりします。保育者としては、子どもの健やかな成長・発達のために、保護者と一緒に取り組む姿勢が必要です。

日本では「産みの親」より「育ての親」とも言われます。子どもが生まれた後は、子どもにとって健やかに大人になるよう関わってもらう人が必要です。その人のことを「育ての親」と言います。

具体的には、叔父（伯父）さん・叔母（伯母）さんなど親戚の人、養親、里親、保育者、教育者、児童施設職員、児童指導員、相談員（カウンセラー）などです。

**保護者への理解**

特に「親」の場合、親である前に、一人の大人です。大人として、人としての基礎がどの段階まで育っているかに注目します。**親であっても、人としての基礎がどの段階まで培われているかで、親を理解する**ことです。

例えば、発達障害の親、依存症や精神的な障害を含む精神疾患のある親でも、子どもを産んでいれば、「親」です。特に女性の場合は、未成年であっても子どもを産めば「親」となります。だから、子どもの親を理解する時、「親なら」「親だから」「親だったら」などと一般的なイメージで頭から決めつけないことです。

親であっても、その理解にあたっては、一人の大人として、その育ちで理解することを勧めます。例えば、笑顔があるかな、身を守る感覚を備えているかな、いざとなったら相談できる人がいるかな、など、人としての基礎的発達課題がどの段階まで培われているかの視点で理解しようとすることです。

子ども育ての基本には、「産みの親」や「育ての親」の乳幼児体験が密接に関係しているからです。

**事例31：アルコール依存症の母を持つ子どもの保育**

年中女児の担任から事例検討会に上がってきた相談です。園では年少の時から、母親が酒好きだとは話題になっていました。当初は母親が登園に付き添っていましたが、そのうち怪我をしたとか風邪を引いたとかの理由で休むようになりました。あまりに休みが続くようになったので、担任が登園時間に自宅に様子を見に行くと、女児は元気に遊んでいました。母親が酔い潰れて登園できなかったのだと分かりました。以後、休みが続くと、時々担任が自宅に立ち寄って女児が登園するようにして、母親に酒を控えて登園させるように指導しましたが、一向に改善の兆しが見えないと言います。

園では、保健所の相談を受けるように父親に働きかけましたが、曖昧な返事でした。保育者側には、ここまで支援しているのだからもう少し母親らしいことをしてほしい、母親なんだから飲酒を控えて登園させるべきだ、という意見があるそうです。

確かに、朝から酒を飲んで子どもを登園させられないことが続くようでは、母親はアルコール依存状態と言えるでしょう。**母親理解において私は、母親であっても一人の人間としては孤独で孤立しており、「酒が身内」**になっている状態であるとも説明しました。したがって、母親には子どもがいるとか、夫・父親がいるとか、自分には親がいるといった感覚はない孤独状態。したがって、母親としてではなく、一人ぼっちで寂しい人という理解が必要であると、事例検討のたびに説明しました。

４ヶ月目に入って、父親が腰を上げて保健所の相談を受けることになったと報告がありました。前月と違って、保育者からは「母親は孤独で、可哀相な人」との理解ができるようになったと聞きました。

**直接援助と間接援助**

認定こども園、保育園や幼稚園などでの保育者による親への指導・援助は、病院や相談所などでの親への指導・援助とは違いがあります。

病院や相談所では、あらかじめ予約して親が子連れで相談室に来て、医師や心理相談員などが親に指導・援助することを基本としますが、園での保護者相談は、毎日の送迎時に、保育者が立ち話で行なうのが主です。別途時間をとって空いた部屋などで面談を行なう場合もあるのですが、相談室だけでなく相談時間とか相談担当者が配置されているわけではありません。

**保育者は、子どもの発達段階を踏まえた保育をしている特徴を活かして、保護者の相談に乗る**ことです。子どもの**発達段階が分からない**のか、その**発達段階に相応しい関わり方が分からない**のか、保護者の悩みを見極め、保護者の気持ちを整理して、助言・指導するのです。時には、送迎時に保護者の目の前で子どもに関わってみるという**行動見本**を示すこともあります。

援助の仕方には、「直接援助」と「間接援助」があります。

**直接援助**とは、親に相談姿勢がある場合です。

すでに保育者は子どもの発達段階を踏まえて保育に携わっているので、**親の悩みを聞きながら、子どもとの保育経験に基づいて、助言・指導**することです。親が悩みを訴えてきても、保育者が子どもの見方や関わり方に手応えを持てていない時は、少し時間をもらうように返事をして、まず子どもの保育に取り組むことです。その上で、子どもの親の相談に乗ることを勧めます。

一方の**間接援助**は、保育者が親と協力して子どもが健やかに育つようにしたいと思っても、親に子育てへの関心がない、あるいは保育者にしつけなどを丸投げにしている場合を指します。

こうした態度の親に対して保育者は、**親に対してではなく、まず、子どもの育て直しに取り組みます。子どもに変化・成長が見られるように保育に取り組む**ことです。

子どもの姿に変化・成長が現れると、それに親が刺激を受けることがあります、例えば、この頃甘えてくるようになったとか、自分の気持ちを言葉で言うようになってきたなどの反応が見られると、我が子の今までとは違う動きに、親としての対応ができず困ったり悩んだりします。それが、保育者が親と話し合えるキッカケになることもあります。

## 事例32：先生にやきもちを焼いていたと吐露した母親

母親は精神的な問題を抱えていて通院加療中との噂がある方でした。知り合いの勧めで、子どもが年長になってやっと幼稚園に新入園してきました。

１学期は、年長クラスの他の子と同じように登園し、園生活を送りました。夏休みに入る直前に何日か、欠席理由が分からないまま休むことがありました。

２学期になって、徐々に休む日が増えてきました。先生たちは、あの手この手で登園が続くように働きかけていました。

３学期になると、一段と休む日が多くなり、園での検討事例とは別に、園長から相談がありました。

確かに１年を振り返ってみると、徐々に休むことが増えています。その際の先生たちの努力を具体的に聞いてみました。すると、お迎えの時、母親の前で「明日、今日の工作の作業の続きをしようね」と子どもに語りかけていたとのこと。しかし、特に３学期になって、登園を促す関わり方をして降園した翌日に休む傾向があると分かってきました。

そのような関わり方をした先生たちの気持ちは痛いほど分かるのですが、母親にはそれが受け入れられない可能性がありそうです。ですから、登園時やお迎え時に、他の園児と同じような気持ちで受け渡しをするように助言・指導しました。

まもなく女児の登園が続き、卒園間近には毎日登園するようになり、無事に卒園していきました。

卒園後、小学校に入学するまでの間、降園時になると、母子で園に遊びに来るようになりました。担任は、母親と立ち話をしながら女児の相手をしていました。すると突然、母親が担任に「私、先生たちにやきもちを妬いていました」と胸の内を打ち明けてくれたとのこと。

先生たちが子どものために良かれと思って関わることが、この親にとっては一時的に苦痛になることがあると勉強になったそうです。

## 事例33：4歳児Aちゃんと母親の逆転現象

2歳から登園し、3歳児クラスで初めて担任となりましたが、Aちゃんは布団に入るとオナニーをすることに気がつきました。Aちゃんをくすぐると怒り出したので、甘えられないのかもしれないと思い、できるだけくすぐりをする機会を増やしました。

4歳児になってもオナニーは続きましたが、担任は毎日のようにくすぐるように関わったところ、くすぐっても拒まなくなりました。くすぐると声を出して笑えるようになり、くすぐり返しをするようになりました。担任はAちゃんの代理ママになるつもりで関わって、Aちゃんは担任を大好きになりました。

ある時、担任がAちゃんを横抱きして、「かわいいね」と声をかけると、初めは嫌がりましたが、やがて好んで赤ちゃん扱いをしてもらうようになりました。友達に冷やかされましたが、Aちゃんは「いいんだ。もう１回する」と言って赤ちゃんになりきっていました。この頃、Aちゃんはオナニーをしなくなっていました。担任と共に友達とも遊び始めました。

母親との面談では、Aちゃんが母親をくすぐってきた時に、初め母親は拒んだそうです。母親と人形遊びをする時にAちゃんに「赤ちゃんになって」と言われ、母親は赤ちゃんになっているとのこと。母親が「疲れた」と言って横になると、Aちゃんが寄ってきて「よしよし」と母親の体をさすって赤ちゃん扱いしてくれると話してくれました。

母親は祖母から厳しく育てられすぎたせいか、幼少時代のことは覚えておらず、いつもぼーっとしていたそうです。母親が我が子のAちゃんをかわいいと思い始めたのは、最近だそうです。

４歳女児が保育者により育て直しを受けて、その経験を女児が自分を産んだ母親に行なうようになり、それを受け入れた母親です。育ちの視点で見れば、親子の逆転現象が起きていると言えます。保育者による子どもの育て直しから展開していった事例です。

## 保育者は、子どもの成長・発達を中心において関わろう

### 「発達障害」「発達障害もどき」の子どもへの保育

個別相談、育て直しカウンセリング、育て直しケースワーク、保育事例援助などを長年経験してきた私なりの所見を述べます。専門医でもなく専門的に臨床心理に携わった経験もありませんが、今までの相談経験に基づいてお話しさせていただきます。

私の臨床経験や保育事例検討の経験では、専門医によって「自閉スペクトラム症」と診断されたり「発達障害」と言われたりした子どもであっても、その子どもたちは**甘えることを知らない**と理解します。

保育者がくすぐって抱き締める関わり方を子どもに行なっていると、子どもは初め拒否

しても、やがて近寄ってくるようになり、自分から甘えられるようになります。さらに子どもはその保育者を「好き」から「大好き」となり、その保育者を心の基地（拠り所）として他の子どもたちの中に入っていくようになります。早ければ１～２ヶ月で別人のように子どもらしさが見られます。

保育者が子どもをくすぐって抱き締める関わり方を行なって、３ヶ月あるいは半年と診断特徴が見られる事例にはまだ出会っていません。私は１９８５年頃から本格的に保育事例に関わるようになったので、「発達障害」が保育界で話題になる２００５年以前からを含めても、１例もありません。

専門医、療育センターなどで「自閉症」「注意欠如多動症（ＡＤＨＤ）」「アスペルガー症候群」という診断が出ていると、まとめて「発達障害」と言われるようになって久しくなります。近年では「発達障害」が増え続けているとも言われるようになりました。「発達障害もどき」の子どもが増えて、「愛着障害」と「自閉スペクトラム症」との混同が起きているとも言われるようになっています。

専門医による「発達障害」の診断が出ているか出ていないかにかかわらず、**甘えることを知らない子どもに対して、保育者がくすぐって抱き締める関わり方を行なうと、初め子**

**どもは「抵抗」**します。

例えば、激しく暴れたり「痛い、やめろ！」と叫んだりします。一般に保育者は、子どもが「嫌がる」と思い、「拒んでいる」と捉えることが難しいようです。

子どもの人格形成の上では、甘えることは基礎経験として重要です。生まれてから適切にあやされると、子どもは甘えることを体験するものです。その時期に、緊張した雰囲気で抱っこされたり、大人が穏やかな気持ちで抱っこしないでいると、子どもに緊張が続くことになります。子どもは生まれながらにして甘えることができるとは限りません。

甘えることや心地よいスキンシップを経験していない人が、改めてくすぐって抱き締められると、**初めは驚き、戸惑い、拒む**ようです。甘えられない人は、そのままでは生涯にわたって甘えることを知らずに生きることになり、何かと生きづらさが伴います。人格形成の基礎中の基礎を経験しないで生きる間、自立した生活に苦労が伴います。

相談経験を重ねてくるうちに、子どもに人格形成の基礎経験をしてもらう方法として、**「くすぐって抱き締める」関わり方が、短時間で即効的である**ことが分かりました。決して、子どもをいじめている場合の「虐待」ではありません。

保育者は、子どもが「発達障害」であるかどうかは一旦脇に置いて、一人の子どもとして見た時、スキンシップを受け入れられるか甘えられるかを見立てて、くすぐって抱き締める関わり方をしてみることを勧めます。

入園当初は緊張が強く、それが長引いている子どももいますので、くすぐって抱き締めることで一気に緊張が取れて、本来の自分を出すことができる子どももいます。その場合は、「発達障害」を疑う必要はなく、人格形成がどこまで達成しているかを見極めながら関わることで、保育は続けられます。

一方、喜んで生き生きと園生活を送っている子どももがいます。この子どもと発達障害児とは、どこが共通しており、どこが違うのでしょうか。それは育ち方の差です。**胎児体験、乳児体験まで遡って考えてみる**ことです。

何かがおかしいと気がついたのが幼児期の今だったというだけで、すでに、発達上で適切な関わり方をしてもらえないことによる影響があったのです。母子手帳の3〜4ヶ月頃のチェック項目の中に、「あやすと微笑みますか」「あやすとよく笑いますか」とあります。**微笑むとかよく笑うということは、感情がしっかり動いている**ということになります。子どもが緊張して感情の動きを抑え込んでいると、生後4ヶ月頃にはすでに成長・発達において影響を受けていることになります。「あやすと微笑みますか」「あやすとよく笑います

か」という項目を、心の発達の視点でしっかり注目する必要があります。それが早期発見にもなります

保育で気がついたなら、むしろ、幼少時代に気がつくことになったことを喜ばしく思って、保育者は子どもが健やかに育つように関わることです。それを、**「保育者は子どもの育て直しに取り組むこと」**と捉えています。

子どもに出会った時点から、保育者は子どもの成育歴を遡って、あるいは現在の発達段階を見立てて、**不確かな発達課題をしっかり経験できるように関わる**ことです。発達段階と関わり方が噛み合えば、子どもはそこから育ち直りを始めるのです。どんなに劣悪な環境で生活していても、見捨てない人・保育者に出会えば、子どもは喜んで登園するようになります。

数ヶ月以上子どもと関わっている保育者が「気になる子ども」を話題にする時、「発達障害であるかどうか一度専門家に見てもらうことだが、それを親に言っても聞いてくれない」「見てもらったら、『発達障害』との診断が出たので、療育センターへ通うだろう」と言っているのを耳にすることがあります。

その時まで、その子どもに保育者はどんな保育に取り組んできたのだろうかと思います。

発達障害の診断が出た子どもは、保育対象ではないと捉えているように思えます。保育者とは、年齢相応の発達をしている子どもだけを保育をする専門家と考えているのでしょうか。

これは、保育者の中で**「保育の原点」**が曖昧になった時に起こるのではないかと考えます。かつて「知的障害児保育は、保育の原点である」と言われた時期がありますが、それは一人ひとりを見て関わりましょうという意味であったと思います。「障害児保育」では、健常児の中で保育されることが障害児・健常児双方のために必要であると言われます。障害がなければ健常児と捉えていた時代から、一人ひとりの発達段階を踏まえた保育を行なうようになりました。現代社会においては、**「気になる子どもの保育こそ、保育の原点である」**と言えます。それは、「気になる子ども」の保育には胎児期からの発達、人格形成が問われているからです。

大人の「発達障害」や各種依存症は、「生涯にわたる人格形成の基礎」あるいは「三つ子の魂」を具体的に明らかにするよう私たちに教えてくれていると考えます。特に強調したいのは、**胎生期、乳児期まで遡って、生涯にわたる人格形成の基礎を培うこと**が重要であるということです。

**事例34：保育事例研修会で取り上げられた年中の「自閉症児」**

３歳の時、専門医に「自閉症」と診断された4歳児のことが、２ヶ月間隔で３回事例検討に上がりました。

担任によると、初めは担任に甘えることができなかったが、園生活になれると、担任を心の基地（拠り所）として友達にも「入れて」と言って遊ぶようになったとのこと。友達と遊ぶ時の入り方もスムーズで、オモチャの取り合いになった時にも担任の仲裁により仲直りして遊べるようになっているとのこと。

私は担任による報告を聞いて、自閉症という診断が出ている子どもが友達と遊べるまでに発達しているというのはどういうことかなと思いました。

保育記録を調べてもらったところ、３歳児の担任は私の研修の受講者でした。その担任は子どもをくすぐって抱き締める関わり方を行なって、子どもは担任を独り占めするようになり、担任の所在を確かめながら遊び歩くようになって、進級したことが分かりました。

年長の後半になって、その後の情報が入りました。「自閉症」との診断をした主治医に、「自閉症」ではなくなったので、これ以上通院しなくていいと言われたそうです。

「発達障害」として加配保育者の保育を受ける対象となっても、担任や加配保育者がくすぐって抱き締める保育から始めることで、育ち直り、主治医からこのように診断を外された事例は他にもあります。

**事例35：保育者に育て直しを受けた年長児の療育センターの判断**

年少の時、母親は保育園の勧めで息子を専門医に診てもらいました。「注意欠陥多動症（ADHD）」との診断が出て、療育センターへ週1回通いながら保育を受けました。

保育園では、保育者は男児をくすぐって抱き締める関わり方を始めました。男児はまもなく自分から保育者に甘えてくるようになりました。その保育者を大好きとなり、一時期保育者を独り占めした時期もありましたが、年中の後半には友達の中へ入って遊ぶ意欲が出て、トラブルが起きるようになりました。保育者が仲裁に入ると、自分がいけないと思った時には「ごめん」と言って仲直りできるようになりました。

年長になる時に療育センターを受診すると、「発達障害」として加配保育の対象児になりました。年長では、仲好しが見つかり、ケンカをしても仲直りして遊ぶようになりました。ルール遊びにも加わって遊べるようになりました。

小学校入学前の診察でも、「発達障害」として支援クラスが適当との意見書がついたのです。保育園としては納得がいかず、３年間の保育の様子を担当医に見せたのですが、見解は変わりませんでした。

「発達障害児」をくすぐって抱き締める関わり方に取り組んで、友達とケンカをしても仲直りができるほどになっても、周りに変化が見られないままの事例は他にもあります。

**事例36：幼稚園時代「発達障害児」の扱いを受けた**

ある講演会で質問を受けました。ママ友の子どもは、幼稚園に入る前の専門医の診断では、「注意欠陥多動症（ＡＤＨＤ）」でした。３年保育に入って年中の時、同じ専門医に受診したところ「自閉症と注意欠陥多動症（ＡＤＨＤ）」という診断を受け、服薬することになりました。

小学生になってからもしばらくは服薬を継続していましたが、落ち着きが出てきたので、母親の判断で止めました。

小学５年生になって突然、「死にたい。死にたい」と言うようになり、６年生になると

「死にたい」と言わなくなったが、言動が荒れているとのこと。ママ友である母親が悩んでいるが、何か言ってあげられることはないだろうかというのです。

そこで私は、「死にたい」と連発した時、誰かがその子どもを抱き締めたので、「死にたい」と言わなくなった可能性があることと、その人にお礼を言うことだろうと言うと、実は自身の話であったことが判明しました。

これをきっかけに母親とのカウンセリングが始まりました。母親は我が子の言動に適切に関わることができるようになり、子どもは中学に進学しました。中学校生活に慣れるまでは母親の支援が必要でしたが、まもなく一人で通学できるようになりました。クラス全員分が掲載される社会見学の作文では、他の生徒と比較して字数が多いだけでなく、自分の思いも記述している内容であることを確認しました。

しかし、もっと早い時期の幼稚園在園中に、保育者たちがその子どもの育て直しに取り組んでいたなら……と悔やまれる事例です。

**登園しぶり・不登園・不登校**

登園しぶりや不登園、不登校が起きると、誰が原因か、どこに発生原因があるかと考え、原因の除去を考えがちです。原因を除去することで問題解決に至っている事例もあるので間違いではありません。ただ、そこに終始することでいいのだろうかと、思うのです。

同じ時代に生まれて、喜んで生き生きと園生活を送っている子どももがいます。登園しぶりの子どもとは成育上でどこが共通しており、どこが違うのでしょうか。

「発達障害」「発達障害もどき」（192頁参照）の子どもと同様、「育ち方の差」です。乳幼児体験の過不足の違いです。気づいたのが今になったというだけで、すでに発達途上で年齢相応の関わり方をしてもらえていない障害に出合っていたのです。だからと言って、保育の対象ではないかのように考えることで、済ましていいでしょうか。

**登園しぶりや不登園、不登校はそれまでの子育ての結果であり、入園してからは保育の結果**です。生涯にわたる人格形成の基礎を培っていないので、園生活に適応できなくなった姿の一つです。次世代育成に携わる保育者は、在園時代に気がつくことになって喜ばしく思い、子どもの育て直しに取り組むことです。小児科医、児童精神科医、公認心理師などに任せて良しとするのではなく、登園する限り、在籍する限り、保育者としてできることに取り組むことです。

保育において保育者は、成育歴を遡って現在の発達段階を見立てて、不確かな発達段階をしっかり経験できるように関わることです。発達段階と関わり方が噛み合えば、子どもはそこから育ち直り始めるのです。**見捨てない人に出会えば、子どもは喜んで登園するよ**うになります。

親や保育者は、とにかく子どもを登園させれば、あとは保育者がなんとかしてくれるからと登園させることばかり考えないことです。子どもが登園すればいいのではなく、子どもを育て直すことで、子どもが育ち直るようにすることです。これを先送りして、育ち直る機会に出会わないと、小学校で、中学校で、高校で、大学で不登校になったり、さらには社会人となってから引きこもることになったりしかねません。三つ子の魂を培うのは3歳頃までに行なわれることですが、その時期に友達とケンカをしても仲直りして遊べる子どもがその後、不登校や引きこもりになったという事例には出合っていないのです。

登園しぶりや不登園、不登校の経験者で育て直しを受けた人は、生涯にわたる人格形成の基礎を経験することになるので、親になった時の子育てで同じことを繰り返すことがないと言えます。

こうした場合、保育者は専門機関に行くことを親に勧めがちですが、**保育者には保育の専門家としてできることがあります。**子どもが在籍している限り、登園してくる子どもの保育に携わっている中で、自分が何を行なっているか、保育者は毎日のように問い続けることです。

成育歴を聞くと多くの場合、生後6ヶ月頃から満1歳頃に達成する第3課題を経験していない子どもが目立ちます。登園しぶりや不登園、不登校が起きた時、保育者は、子どもの成育歴と登園していた頃の姿を思い起こして、どの段階から取り組んだらいいか、親と協力して見立てることです。そして在籍中は、できる範囲で子どもの発達課題を見立て、発達を促す関わり方をすることです。

**事例37：付き添う登園を受け入れる保育**

幼稚園の年中クラスに進級すると、まもなく登園しぶりが始まった女児。母親はなんとか園に連れていく努力を重ねていました。そのうちに登園すると、置いて去ろうとする母親に女児が「ママがいい」としがみつくようになりました。そこで保育者が抱き締めて引き離すように関わりました。

休日が続いたある日、女児は家を出る時から激しく抵抗するようになりました。園と相談して、登園中も母親が付き添うことにして、園内の別室で待つようにしました。すると女児は、しばらくはクラスに入って保育に参加していましたが、見えるところに母親にいてもらいたいと訴えるようになりました。幼稚園も他の園児の手前これでいいのか悩み始めたのです。

相談を受けた私は、まず、家族の様子と女児の成育歴から聞きました。父親は仕事人間で育児は母親に任せっきりです。兄は小学1年生で、就学前の一時期登園しぶりがありましたが、女児には兄にあった「人見知り・後追い」の経験がなかったとのことです。

このことから発達の視点で分かってきたのは、年中に進級した女児が自分には母親がいることに気がついたのではないかということです。通園経過とともに女児にとって母親の存在が大きくなり、大好きな存在になってきました。だから、女児は常に視野に入るところに母親にいてもらいたくなったと言えそうです。

そこで、母親には女児が大好きになってくれたことを受け入れ、自分も大好きだと我が子に抱き返すように助言・指導しました。しかし、母親自身が「人見知り・後追い」の経験がなく、祖父母が経営をする保育施設で過ごしていました。母親が、母親の親の傍に行

く と 、部屋に戻された思い出を語ってくれました。子ども時代に「人見知り・後追い」の達成経験がないことを承知の上で、母親として子どものために、子どもを見捨てず、自分にとって大事な子であるという気持ちで待つように助言しました。

すると、女児は安心し始めたのか、母親の所在を確認することが少なくなってきたので女児に、母親は別の部屋で待っているから、心配になったらいつでも見に来るように伝えました。初めは時々覗きに来て、母親の膝に入ってからクラスに戻ることがありましたが、やがて給食まで覗きに来なくなりました。登園してしばらくしたら、用事があるので外に行くけど、お昼には必ず戻ると女児に言って、部屋を空けるようになりました。

この間、担任は女児を年中児として見ないで、生後6ヶ月から1歳児と理解して、女児の気持ちに沿うように心がけました。部屋を出て戻る時には、「お母さんはお部屋にいたよ」と女児に声をかけたり、時々、お母さんに会わなくていいかと尋ねたりして保育しました。

やがて、登園してから降園まで、一日に一度も女児が母親のいる部屋を覗かなくなり、友達と遊ぶようになったので、母親は心配になったら電話をよこすように女児の前で担任に頼んで、家で待つことができるようになりました。

**事例38：3歳の新入園男児が始めた登園しぶり**

入園まで母親に自宅で養育されていた3歳男児の事例です。母親は第2子を妊娠中です。男児は幼稚園の門前で毎日、園長と元気に挨拶して登園していました。

園に慣れかけた頃から男児は表情が暗くなり、登園しぶりをするようになりました。園長と挨拶しますが、男児は母親と繋いでいる手を離さなくなりました。仕方なく、登園中は母親に別室で待ってもらうようにしました。日中、男児の姿が見えないことがあり、気がつくと母親が待機している部屋にいることが分かってきました。他の子どもたちのいる部屋に戻ろうとしても母親の元から離れようとしません。他の子どもの手前もあって、園長から相談を受けました。

成育歴を里母に確かめると、男児に「人見知り・後追い」はありました。母親はママ友とも交流があって、子ども同士も仲好く遊んでいたと言います。

担任にクラスでの男児の様子を聞くと、自分が遊んでいるオモチャを取られると、取り返すこともなくその場にいて、気がつくと母親の待機部屋にいると判明しました。

発達の視点で男児を見ると、第3課題の「人見知り・後追い」は達成していると言えます。次の第4課題の「言葉を覚え、言葉でやりとり」で足踏みしているのではないか、何らかの事情で男児は自己主張ができないのではないかと見立てました。

そこで、保育中に自分の気持ちを言葉にして主張できるように、保育者が男児の言動を言葉にして言ってみたり、返事を確かめるように繰り返してみたりと、１歳児と見立てて個別に配慮して保育してもらうように助言しました。

しばらくして園長から次のように報告がありました。担任は男児をおとなしい子であるが、目立つ行動をするわけでもないので、そのうちに良くなるであろうと思っていたそうです。園長は、男児の言動と言葉づかいを見てみるように担任に助言しました。それを聞いた担任は思い当たることがあって、１歳児と思って丁寧にやりとりするようにしたところ、困った時に担任に助けを求めてくるようになりました。担任は男児の訴えを丁寧に聞き出して、自分の気持ちを大切に友達と関わるように伝えながら保育にあたりました。すると、男児は担任を頼ることが少なくなってきたとのことです。それとともに、登園しぶりも見られなくなり、男児に登園初めの頃の元気が出てきているとのことでした。

**登園しぶりと言っても**、第３課題で足踏みしているのか、第４課題で足踏みしているのかで子どもへの対応が異なります。**発達の視点で見る**と、子どもの理解が可能となります。

### 事例39：不登校経験者が子育てを楽しめている

保育園に通っている時、家庭の事情により児童養護施設で生活し、小学3年生の時から里親宅で育てられた女性です。中学2年生の時、突然のように「誰かが追ってくる」と言い、帰宅すると部屋の片隅で一人ガタガタ震えるようになりました。

里母は保育経験のある方でしたが、女性の震えが収まるまで抱きかかえていました。その頃、女性は不登校となりました。里母に抱かれることを望み、里母はそれに応えて抱きかかえる日々が続きました。知人は精神科の受診を勧めたそうですが、里母は迷いつつも添い寝をしたりして女性の様子を見ていました。

里母から相談を受けた私は、不登校事例を紹介しながら、保育経験を生かして子どもを赤ちゃんから育て直す関わり方で良いとお話をしました。

そのうちに里母に絵本を読んでもらったり、遊んでもらったりするようになりました。さらに、里母の家事を手伝うようになりました。中学3年生からは幼馴染みの友達と普通に登校をしました。

女性は高校を卒業してからは里母宅を出て住み込みで働き、やがて結婚して子どもが生まれました。子どもが歩くようになってから、女性は里親宅に顔を見せました。子どもは愛くるしかったそうで、「子育てが楽しい」と語っていたと、里母から報告がありました。

## いじめ、いじめられへの対応

「いじめ」と聞くと、良くないことであり、加害者・被害者の構図で問題解決にあたっていることが多いようです。いじめた方が加害者・悪者で、いじめられた方は被害者で、同情が寄せられます。問題解決には主に、加害を防止することに終始することが多いようです。

いじめた方が問題で、いじめられた方は問題がないかのような理解をしがちですが、いじめ問題には少なくとも2人以上が関係しています。傍観者を含めると数十名になることもあります。子どもだけでなく親たちや保育者も巻き込まれて、転園で問題解決となっていることもあります。いじめが起きないことを、関係者は問題解決としているようです。いじめの絡む自殺事件が報道されると、いじめによる自殺防止ではなく、「いじめ防止」が訴えられます。

一般に話題になるいじめ問題は、「対等な3人遊びができる（第6課題）」までの人格の基礎が培われている仲間内では起きません。対等な2人遊びすらできない発達段階の仲間内で起きています。

ですから、**いじめられている方でも、いじめる方でも、どちらでも構いませんが、保育者が子どもの育て直しに取り組む**ことです。その子どもが育ち直ると、それに伴っていじめがなくなるだけでなく、育ち直ろうとする動きが広がります。

保育者は「子どもをくすぐったら笑えるように（第1課題）」「身を守る感覚が身につくように（第2課題）」「自分は一人でなく相談できる人がいると分かるように（第3課題）」「気持ちを言葉でやりとりできるように（第4課題）」「交渉できるように（第5課題）」なるよう人格の形成を培うことです。

**1人が育ち直る過程に入り、育ち直り始めると関係が変わります。**当面、いじめ問題の双方が2人遊びできるようになると、解決に至ります。当事者だけでなく、関係者も育ち直る過程に入ることになります。

**事例40：いじめていた女児がいじめられていた**

年中クラスの新人担任からの相談です。いじめを行なっていると話に聞いていた女児を見てきましたが、いじめは見られませんでした。秋になって元気がないなと思って様子を見ていたところ、女児が遊び仲間からいじめられていることが分かりました。

担任は仲好く遊ぶように助言・指導してきましたが、年が明けてから一段と元気がなくなってきました。すると、母親が年少の時のことを持ち出してきて、「私は娘がいじめた子と親に謝ったので、娘をいじめている子どもの親から謝ってほしい」と申し出がありました。園では困って、担任は先輩とともに相談に来所しました。

年少クラスでは、園生活に慣れた頃から女児は友達関係でいじめを始めました。当時の担任が女児に注意すると、先生の目の届かない陰でいじめるようになって、転園する子どもが出るようになりました。双方の親が集まり、園長も中に入って話し合いが繰り返されましたが、園の運営に影響が出るほどの騒動になりました。女児の親が皆の前で謝り、クラス替えなどもしていじめが起きないようにしたそうです。

しかし年中クラスになって、年少クラスの時にいじめられていた子どもたちが、今度は女児を仲間外れにするようないじめが始まりました。女児の親は「どうして自分は親の前で謝ったのに、今回、娘をいじめている子どもの親は謝らないのか」と園長に訴えてきました。担任としてどうしたらいいか困っていると言います。

話を聞いた私は、いじめたりいじめられたりしている子どもたちの育ちへの関心が乏しいと感じて、いじめられている女児の発達理解に努めました。その結果、女児は親や保育者などの誰にも助けを求めることができていないので、母子関係は成立していないと判断しました。

したがって、担任には、**気がつくのが今になったことを女児に謝罪して、代理ママになるつもりで女児に関わる**ことを助言・指導しました。

1ヶ月後の報告では、驚くほどの進展が見られました。私が助言・指導した翌日、担任はまず女児に、「気がつくのが今になってごめん」と謝りました。すると、女児はすぐに担任に抱きついてきました。次の日から担任が手を広げて女児を待ち受けると、女児は一目散に担任に抱きついてくるようになりました。2週間ほどして、女児は友達とも遊ぶようになり、心配する母親に、園や保育者は特に指導・助言することをしませんでしたが、母親も明るくなってきました。数日前からは、女児はいじめていた子どもともお話ししながら遊ぶようになったということです。

## 虐待しているかもの親、虐待を受けているかもの子どもへの対応

在園児に対する「親の虐待」があると気づいたら、保育者は親に対して虐待しないよう

に諭したり注意したりします。それでも子どもへの虐待が治らない時には、園は児童相談所などへ通報します。

児童相談所は多くの場合、通報を受けて、子どもの生命に危険が及ぶかどうかで判断し、次に動きます。生命に危険が及ぶと判断した時には、ひとまず親子分離を図り、子どもを一時保護し、親に対して通所を促したり、あるいは訪問で虐待防止の指導を行なったりします。子どもの生命に危険が及ばないと判断した時は、様子を見るよう園に要請し、経過観察するようです。

このように、保育者が園児の虐待を知ることになるのは、保育を通して知る場合と住民や関係機関からの連絡によって知る場合とがあります。その時、**担任はどう保育に臨んだらいいか、園全体はどのように対応したらいいか**悩ましいところです。

保育者にも国民の一人として通報義務がありますが、児童相談所に通報すれば済むことでしょうか。対象児が退園しない限り、子どもは毎日登園してくるのです。

**担任は、目の前の子どもの保育に集中するのを忘れない**ことです。園内には虐待をしている親はいません。対象児と子どもたちと保育者のみの世界です。保育者は、対象児の育て直しに取り組むことです。**虐待されている子どもは甘えることを経験できていない**でしょう。少なくとも第3課題の「人見知り・後追い」を達成していないでしょう。

だから保育者は、まず、くすぐって抱き締めることで、保育者に甘えられるように関わることです。虐待されている子どもは、保育者を大好きになって見捨てられない体験をすることで、家庭で虐待を受けていても自分を守ってくれる人がいることになります。

このような園での取り組みを前提として、保育者は周囲と連絡をとりながら「親が虐待しているかもしれないと知った時」「子どもが虐待を受けているかもしれないと知った時」のそれぞれの状況に合わせて問題解決に臨むことです。

**〈親が虐待しているかもしれないと知った時〉**虐待する親については、**我が子に対する適切なかかわいがり方が分からない**のだろうと理解します。親が、子どもが発達するように関わることができれば、「虐待」は起こらないからです。保育者は、虐待する親を物事の善悪で判断して、親を責める気持ちを持たないことです。「虐待行為」を憎んでも、虐待する親の「人」としての存在まで否定する姿勢を持ってはいけないと思います。

中には、「私は我が子を虐待しているかもしれない」と相談してくる親もいますが、本人に問題意識があるので、具体的にどのような場面でそう思うのか聞くことです。我が子の発達段階が分からないのか、我が子の発達段階に合わせた関わり方が分からないのかを聞いてから、保育者は助言・指導することです。

子どもの発達を促す関わり方で保育を行なっていれば、保育者は子どもの発達段階と関わり方に手応えを持っています。だから、虐待する親の相談相手として、心理的に余裕をもって臨むことができます。

保育者は、子どもの発達段階を理解できていない時は、子どもに生命の危険が及ばない限り、まず、子どもの発達段階を理解し、それに沿った関わり方をして手応えを持つような保育に努めることです。

虐待をする親は、誰かに虐待された過去を持っており、それを子どもに繰り返している、あるいは、子どもへの関わり方が分からなくなってつい虐待行為を行なっている、と理解します。どちらの場合でも、世間話から始めて、親に過去の経験を語ってもらうよう関わることです。**保育者が辛い過去を聞いてあげることで、親は救われて、気持ちが楽になります。** 経験上、90分ほどの時間がかかると腹を括って話を聞くようにしましょう。親が辛かった幼少時代の話を始めたら、保育者は、よく話をしてくれたと感謝の意を伝え、耳を傾けるのです。

虐待する親は、辛い幼少時代の話を誰にも聞いてもらっていない場合が多いものです。仮に辛い話を聞いてもらっていても、その時どうしてもらいたかったか、どう言ってもらいたかったかというところまで助言・指導を受けていることはないでしょう。**保育者に聞いてもらえる**ことで、親は気持ちが楽になり、保育者に対してだけでなく、人生で初めて信頼感が湧いてきます。そして保育者には、今虐待を行なっている親は、何が分からないのかが理解できてきます。

そこで、**子どもの発達段階と関わり方を提示**したり、**送迎時に行動見本**を示したりすることです。すでに子どもは保育者によって甘えることを経験していますので、子どもが甘えてきた時に受け入れるようにハグするとか、背中を撫でるとか、**親にできそうな関わり方を勧めて、報告を待つ**のです。

虐待する親は、自分の親や誰かに育ててもらう関わり方を今までしてもらっていないので、我が子に虐待したくないと思っても、いつの間にか繰り返していても不思議ではありません。幼少時代に親自身が虐待された時にどうしてもらいたかったか、どう言ってもらいたかったかを、保育者は親と話し合うことです。そうやって親が学習したり経験したりすると、我が子との関わり方に、虐待している親は手応えを持つことができるようになります。

虐待事例では、自治体や保育者などの関係者で**連絡会議**が持たれます。その際に保育関係者は、**参加者の中で虐待する親の味方になる人が誰であるか**を把握することです。虐待する親の味方がいないまま会議を重ねても親を追い詰めることになって、かえって虐待がエスカレートしていることに気がつかないでいることがあります。

虐待する親を発達の視点で見ると、第3課題「人見知り・後追い」を達成しているとは思えません。いざとなったら相談できる人がいないので、自分では良かれと我が子に関わっていても、周囲からは虐待しているのではないかと見られてしまいます。その代表的な言葉が、虐待している親の「我が子をしつけて、何が悪いか」という「しつけている」です。

虐待しない、あるいは虐待できない親は、第3課題を達成している場合が多いと言えます。「自分は自分」「我が子は我が子」と、親と子どもは別の人間であると感覚的に理解できているからです。我が子の育て方で困ることはあっても相談できる人を見つけることができるので、虐待は行ない難いと言えます。

我が子に子どもらしさが見えた時、それを喜ばない親はいないでしょう。しかし、親自身が自分の気持ちを自覚できていないと、言い知れない不安が生じると思います。虐待する親は、我が子が育ち直ることを羨ましいと感じていながら、それを自覚できなくて、イライラして余計に虐待行為に走ったり、自分の幼少時代の辛さを分かってくれるかもしれないと思いつつその気持ちを素直に言えなかったりして、保育者に対してクレーマー行動に出たりすることもあります。虐待しながら親は、我が子に捨てられるのではないかとか、子どもが離れていくのではないかとか、親の立場がなくなるのではないかという気持ちに襲われていることが多いと思います。

**事例41：3歳児の妹にも虐待を始めたと悩む母親**

3歳の女児に虐待をしてしまうという母親の相談に乗ってほしいと、園長から依頼がありました。

女児には小学生の姉がいて、その長女が3歳の頃、言うことを聞かせようと母親が長女に暴力を振るったため、一時的に長女を児童福祉施設に預かってもらったそうです。その後長女は、母親と別れた父親の自宅から小学校に通っており、長い休みには母親に引き取られて母親と生活しているとのこと。

次女に対しても、3歳頃から母親が暴力を振るうようになったので、冷却期間としてしばらくの間でいいから施設に預かってほしいと母親自身から訴えがありました。できるだけ早く引き取るので、今すぐ施設に預かってほしいと思っているとのこと。

相談を受けた私は、我が子2人に対していずれも3歳頃に暴力を振るうようになったと聞いたので、母親は、我が子がある発達段階になった時に虐待する関わり方になっている可能性があると思いました。母親に子どもたちの成育歴を聞いてみると、虐待するまでは2人ともにおんぶや抱っこをしてかわいがっていたそうです。その後、自己主張する時期か交渉の時期になって、発達に合わせた適切な関わりができなくて、手が出るようになったと分かってきました。

母親の成育歴を聞くと、幼少時代から実祖父に暴力を振るわれ、止めに入った祖母が肋骨を折る怪我をしたこともあるとのこと。中学卒業と同時に住み込みで働き、結婚しました。その後母親は長女に暴力を振るったことで、父親と話し合って、離婚することになりました。

母親がしっかりと成育歴と近況を語ることができたので、手が出る前後の様子を話してもらいました。その結果、私の見立て通り、自己主張する次女に「ダメ」と抑える関わり方をしていました。そこで、いくつかの場面を取り上げて、親の関わり方を具体的に解説しました。

私としては、次は1週間後に面談すれば解決の道筋がつき、良さそうだと思いましたが、母親はどうしても施設に入れて冷却期間を設けたいと主張します。自分が冷静になれたらすぐにでも引き取りたいとも主張しました。「今夜、暴力を振るうかもしれない」と言われましたが、この母親なら適切な関わり方ができると判断し、広告の裏でもいいから、次女とのやりとりをメモするように勧め、一緒に考えようと提案しました。

1週間後の面談では、母親は次女との関わり方が適切にできていましたので、次女とのやりとりが長く続いていました。その後、2回の面談を経て、母親は子どもとのやりとりが楽しくなってきました。長女も引き取って、母親は母子3人で生活することになり、カウンセリングを終えました。

### 事例42：母親が虐待している親子の転入園

母親が虐待している子どもが転居で入園してくるという情報が入りました。園として、どう対応したらいいかとの相談でした。

まず、**担任は子どもの育て直しに取り組むこと。**子どもの母親代わりになるつもりで子どもに関わることです。虐待する母親は、少なくともかわいがられた経験がなく、転居前に通っていた園でもかわいがり方を教えてもらっていない可能性があります。親への関わり方については、親からのアクションを待ってから考えることにしました。

担任は子どもが甘えられるように関わるとともに、**どんな子どもの姿にどのような関わり方をしたか、連絡帳に具体的にメモして母親に渡す**ようにしました。

子どもが担任との間で「人見知り・後追い」を経験した頃に、母親から長文の手紙を渡されました。今までの自分の苦労を綴るとともに、自分の親代わりになってほしいという趣旨でした。

前園に照会すると、ほぼ同じ内容を母親から伝えられ、担任が何度も家庭訪問をして母親との面談を繰り返していたことが分かりました。我が園ではそこまではできない、と園長は言います。そうこうしているうちに、母親が検査入院することになって、その間、母方の祖母が子どもを養育することになりました。

そこで私は園長に、「入院明けの子どもの様子に注目しましょう。子どもが荒れていなければ、祖母にほぼ適切に面倒を見てもらったことになります」と伝えました。

退院後、一緒に登園してきた母親にも子どもにも、荒れた様子は見られませんでした。

１ヶ月ほどして親の保育参加の行事を知らせたところ、この母親がすぐに申し込んできたので、園としては驚きました。当日の保育参加が終わって、昼食をとりながら親たちの懇談会がありました。ある親が、「私、虐待しているかな。すぐ子どもに手が出る」と言うと、虐待していた親が「自分は我が子を虐待していました。担任の先生が子どもとの関わり方を丁寧に細かく連絡帳に書いてくれていたことに気がついたので、それを真似するように子どもに関わってみました。我が子とうまくやりとりできるようになったから、うちの担任に相談するといいよ」と一気にしゃべりました。取り回し役として参加していた主任の出る幕はなく、母親の話に感動したと報告がありました。


**〈子どもが虐待を受けているかもしれないと知った時〉**

親による「虐待」あるいは「虐待かもしれない」と感じる時は、親は子どもの発達に合わせた関わり方ができなくて悩んでいるかもしれないと思われます。

一般的には保育者も、虐待者がまるで罪を犯しているような捉え方をして、虐待かどうかの判断に関心を寄せ、どのようにして虐待を止めるかを考えがちです。決して虐待行為を認めるわけではありませんが、虐待する親を罰したり、虐待を止めたりすることで、子どもに幸せが訪れるでしょうか。

私は、**「気になる子ども」の保育の延長に、「虐待されている子」の保育が位置付けられる**と考えます。親に虐待を受けたり、不適切な関わり方を受けたりしていると、子どもの発達には歪み・心の発達の停滞が生じています。法律に照らすと、子どもは「虐待」を受けていることになるかもしれません。しかし、それに当てはまるかどうかはともかく、保育者としては、**子どもに対して一人ひとりの発達段階を踏まえた関わり方**を行なうことが重要です。

だから自分が担当することになった「気になる子ども」に対して、まず、育て直し保育を行うことです。保育者はできる範囲で子どもを理解し、適切な関わり方を親との連絡帳に書くことを勧めます。母親が困っていると思われる子どもの姿が園で見られたら、保育者はその時の子どもの理解と関わり方を連絡帳にメモすることです。それを見るか見ないかは親次第ですが、保育者が子どもの保護者に対して、保育に関する指導を行なったことになります。

子どもが虐待されていると分かった時には、**保育者はまず、子どもの登園が続くように**手配することです。登園中は、保育者と子どもの世界であって、親からの虐待を受けません。園生活の中に虐待する親はいないので、子どもは安心した生活ができるからです。一時的に安心できる生活の中で、**保育者は子どもの育て直しに取り組む**ことです。子どもが育ち直り、生きる元気が出るようにすることです。

虐待されるか否かにかかわらず、子どもにとって親はこの世で唯一の存在です。親から不適切な関わり方を受けていたとしても、誰も産みの親に代わることはできないのです。そんな存在である親を、自分に関わる人・保育者らが悪者扱いしていたら、子どもはどんな気持ちになるでしょうか。せめて子どもに関わる保育者は、その子どもの親を非難・中傷することをしないでほしいものです。**「気になる子ども」「虐待される子ども」の親は、我が子への関わり方が分からなくて苦しんでいると理解する**ことが、保育者に望まれます。

虐待を受けた子どもであっても、親になった時に必ず子どもを虐待しているわけではありません。**誰かが話を聞いてくれて、かわいがってくれたなら、自分が受けた不適切な関わり方を親になって自分の子どもに繰り返すことはない**でしょう。

**事例43：虐待通報した方がいいか迷うと、保育園から相談を受けた**

園長によると、送迎時に母親の我が子に対する言動が荒々しかったので気になっていました。その4歳の女児は、保育者の顔色をうかがい、周囲の様子をうかがいながら保育園生活を送っていました。園としては、虐待として通報するには迷いがあり、どのように保育したらいいかと訪問指導を依頼されたものです。

女児には小学生の兄がいますが、兄の保育園時代の担任は、母親の言動に荒々しいものはなかったと言うので、園の関係者は疑問に思っていたとのこと。保育者に母親について聞くと、姉がいて、姉はかわいがられていたそうです。この母親は、これまで自分の母親に好かれようとしましたが、疎んじられていたと言っていました。

私は、母親は自分の母親に認めてもらいたいと思って努力していますが、認めてもらえなくて、そのイライラを同性の女児にぶつけているかもしれないと考えました。女児には、第3課題の「人見知り・後追い」経験がない、すなわち大好きで見捨てられない人に出会っていないと思われるので、まず、保育者が母親代わりになるつもりで保育にあたることと助言・指導しました。

同時に、母親が自分の母親にどのように関わってもらいたいかを母親と一緒に考えるように言いました。子としての辛さを、親となって我が子に繰り返して味わわせている可能性があると、仮説を紹介しました。

しばらくして、女児が母親と入浴中に足を滑らせて怪我をしたので、医師に見せたことがありました。その後、役所を通して「虐待」事例ではないかと園に連絡がありました。その時には、母親との立ち話相談によって保育者は母親の気持ちが整理でき始めていたので、保育の経過を話し、役所には時間をもらうことにしました。

３ヶ月ほどして女児は担任が大好きになり、母親にも抱きつきに行くようになりました。母親は我が子に抱きつかれて困ると担任に訴えましたが、抱きつかれた時の母親の気持ちを聞いたところ、これを自分の母親にしてほしかったと自覚しました。その後、自分の母親との関係改善は見られませんでしたが、母親自身は親として我が子を受け入れるようになり、「虐待」を心配することはなくなりました。

**事例44：診察した医師からの通報**

保育園に通う４歳女児が、母親が髪を洗っている間に一人で湯船に浸かっていた時、滑って溺れ、救急車で運ばれて、医師の知るところとなったそうです。虐待が疑われるようだが、何から取り組めばいいかと、仲間の相談員から相談を受けました。

私は、**まず、保育園で母親の様子と女児の発達段階を聞くこと**でしょうと伝え、それから、母親に会うか医師に会うかの順番で取り組んでみることを勧めました。幸いなことに、保育園の担任が私の事例検討会に参加している人でした。担任によると、女児は情緒的に安定しており、遊び仲間がいて、ほぼ問題なく遊べているとのこと。

相談員が母親と面談したところ、女児が生まれた時は客商売をしており、託児所のようなところでお婆さんがよく面倒を見てくれて、女児はかわいがられていたそうです。母親も「あの人に世話になって、良かった」と言います。

問題の発生した時は、祖父母との同居中で、何かと意見の食い違いがあって母親は悩んでいたとのこと。その後、相談員は医師とも面談して経過報告したところ、問題なしとなり一件落着しました。

**「生涯にわたる人格形成の基礎を培う」とは、具体的にどのような経験なのか**

**保育者や保護者は、子どもの成長・発達に合わせてどう関わったらいいか知りたくて悩んでいる**のです。最近では、子どもの発達を把握しないで目先のことだけを見て、どう関わったらいいか、保育者主導の保育ができないと悩む傾向が見られます。

子どもの小さい時が将来のために大切な時期であることを、否定する考え方を耳にしたことはありません。親子、保育者にとって、子どもの「乳幼児期は大切だ」と言えます。「乳幼児期は、生涯にわたる人格形成の基礎を培う時期だ」「一つ、二つの『つ』のつくうちの子育て」とか、諺の「三つ子の魂百まで」などと言われ、**乳幼児期の大切さは間違いのないこと**です。

私たちは、「子どもが成長する」とか「子どもが発達する」と表現しますが、この時、子どもの年齢に相当する姿を思い浮かべるものです。

例えば、4歳だったら、子どもには仲好しが見つかり、仲好しとの遊びが長続きすると、保育者は思います。この場合、3歳まで、適切な関わり方をしてもらっていることが前提です。また、この先、仲好しが増えていくので、仲好し3人で対等に遊べるようになるという発達課題に取り組むことになります。

しかし実際には、4歳となっても、園では先生とも、子どもたち同士でも、言葉を使ったやりとりができていない子どもがいます。母親に聞くと、家では普通にしゃべっているので、親には園での様子が信じられないと言います。

この場合、保育者は、年齢相応に発達している子どもの姿ではないと理解し、保育知識で「緘黙《かんもく》ではないか」と思います。生涯にわたる人格形成の基礎はどの段階まで培っているかを考えることは少なく、一般的には、専門機関に相談に行くよう親に勧めます。専門機関へ通うことになれば、保育者はその機関にお任せという気持ちになりがちです。子どもが退園するならそれでもいいかもしれませんが、在籍して通園する場合は、どのように子どもに関わったらいいかが保育者にとって問題になります。

保育者は、緘黙《かんもく》症状が治って先生や友達と話せるようになってほしいと期待します。担任をしている間に子どもの声を聞きたいと思い、しゃべるように機会を作る保育をするものです。保育者としては、生涯にわたる人格形成のどの段階を培うように取り組んだらいいかを考える習慣がついていません。

すでにさまざまな発達論が知られていて、保育者は学習していますが、子どもへの関わり方が具体的に提示されていないようです。保育者は特に、満年齢3歳までの子どもの発達の姿と関わり方を知りたいのです。**「気になる子ども」の理解と、それに基づく関わり方に役立つ発達論**がほしいのです。

今すぐ思いつく保育実践に役立つ考え方が見当たらなければ、ひとまず、私の提唱する

「二段階人格形成論」（『赤ちゃんが健やかな大人になる道筋を知っておこう——「二段階人格形成論」と7つの発達課題』65頁参照）を参考に取り組んでみることを勧めます。「二段階人格形成論」では、子どもにおける胎児期を含めた7つの発達課題を提示し、発達を促す関わり方を具体的に提示しているからです。

乳幼児から大人までの育て直しに取り組んだ私の経験から、7つの発達課題を達成することが、「生涯の人格形成の基礎を培う」ことであり、「一つ、二つの『つ』のつくうちの子育て」だと考えます。何歳からでも、未経験な乳幼児体験を誰かによって経験できれば、人生をやり直すことができます。子どもだけでなく、大人であっても、**何歳からでも人は人生をやり直すことができる**のです。

「生涯にわたる人格形成の基礎を培う」にあたり、「二段階人格形成論」では、より早期の胎生期から3歳くらいまでで何が大切かを具体的に表しています。**成長・発達というものは順に積み重なっていく**ものですから、**胎生期からの発達の項目と発達する関わり方が表されていることで、「気になる子ども」の保育にも役立つ**のです。

第1の発達課題「生きている実感は持っているかな」、第2の発達課題「身を守る感覚は備わっているかな」、第3の発達課題「人見知り・後追い体験はしているかな」などと、

「気になる子ども」の理解にあたって発達の順序を追って理解することを保育者に勧めます。

**事例45：親子講座で落ち着きなく遊び回る子ども**

未満児の親子に集まってもらって、親子での遊びを行なう際に、様子を見て気がついたことを反省会で指導してもらいたいとの依頼で私も参加しました。

8組の親子が集会室に三々五々集まってきました。入室するやいなや3歳前後のA君とB君が部屋を走り回り始めました。親は所定のマットに腰を下ろしたままです。保育者たちが子どもを落ち着かせようとしますが、2人の子どもは思い思いに走り回っています。行事が始まっても2人は多動状態で、収まる気配は感じられませんでした。保育者に子どもたちの普段の様子を聞くと、これほどではないがよく動き回って、収まりにくいとのことでした。

様子を見ていた私は、年少クラスに上がったら専門医に見てもらうよう保育者に言われるだろうと思いました。そこで、想定外でしたが、2人の子どもの保育士に、それぞれの子どもを抱き留めて、くすぐっては抱き締めるように指導しました。

Ａ君は、保育士に抱き留められると、初めは奇声を発しながら手足をばたつかせていました。私は傍に寄って「初めてでびっくりしたかな」「甘えられるようになってほしいなあ」などと声かけをしていると、やがて暴れ方に変化ができてきて、暴れなくなりました。保育者が「抱っこする？」と声をかけると、Ａ君は頷き、起きて抱きつきました。

この援助途中でＢ君が突然私の前に来て、寝転がりました。瞬時にこの子もしてほしいのかもしれないと思い、とっさにＢ君を捕まえて抱き留めました。

膝枕をする時のような体勢で床に寝転がったので、**私はＢ君と片手を繋ぎながらもう一方の手でくすぐり**を始めました。Ｂ君は、初めはくすぐっても動きませんでしたが、体をくねるようになり、顔が歪むようになりました。声が出始めると、やがて奇声のように大声を発するようになりました。「今まで辛かったね」「嫌なことがたくさんあったかな」「嫌なことを思い出して叫んでいるのかな」などとＢ君が胸にしまっていたと思われる気持ちを代弁するように声をかけていました。

怒鳴るような大声に間隔があき、しばらくしたら**赤ちゃんが泣くような声**に変わりました。「ひとまず吐き出したかな」「赤ちゃんになったね」などと声をかけて様子を見ていました。

すると、突然B君が「ママ」と言うので、「お母さんは傍にいるよ。行く?」と声をかけましたが、B君は**首を横に振りました**。これをもう一度繰り返しました。その後、B君は「お腹すいた」と言うので「そうだねえ、お給食、食べるかな」と言うと、B君は首を横に振りました。それを繰り返してしばらくすると、またB君が「ママ」と言ったので「ママは傍にいるよ。行く?」と聞くと、**今度は頷きました**。どうしたのだろうと思っていると、またB君が「ママ」と言ったので、「ママは傍にいるよ。ママのところへ行く?」と言うと、B君は自分で起きて、ママに抱きつきました。

傍にいたスタッフが「お母さん、頑張ってきたよね」と声かけしながら母親の背中をさすっていました。母親は「頑張ってきました。頑張っています」と言っていました。

母親はB君を抱っこした後、「ごめんね」と呟くように言ったら、B君は即座に頷きました。

その後1週間ほどして親子の様子を聞くと、翌日から手を繋いで登園するとともに、お母さんの表情が明るくなって若々しさを感じるようになったとのこと。

保育者から見れば、この場合は専門医に一度診てもらうことを親に勧めがちです。そうすることでA君、B君に子どもらしさが見られるようになる事例が多ければ、私が行なった関わり方を勧めません。それは、子どもを「虐待している」と捉えられかねないからです。

2人とも3歳前後になるまで甘えることを知らないと見立て、今、甘えられるようにすることが必要だと判断して行動見本を示した事例です。

専門医に見せることも保育者や親にとっては大事なことですが、それはそれとして、**保育者は人格の形成を図る関わり方を行なうこと**です。保育者は毎日登園してくる子どもに笑顔が出て、保育者に甘えられるように関わることが重要であると考えます。

**事例46：男性保育者から受けた緘黙《かんもく》児の保育についての相談**

4歳の女児は入園して2年目になりますが、担任（男性）は女児の声を聞いたことがありません。保育する上で特に困ることはないと言います。母親に聞くと、家ではよくしゃべっていると言い、園の様子を説明しても信じてもらえません。担任としてどう保育したらいいかと相談を受けました。

援助経験上、女児は場面緘黙《かんもく》に相当するだろうと見立てました。女児の感情は、ある場所を境に白が黒に突然切り替わるような情緒の動きをするのだろうと説明しました。

したがって担任は、**まず、くすぐって抱き締めることから始めてみて、くすぐり返しが起きるようにすることだ**と助言しました。保育にあたって担任が注意するのは、担任中に女児の話し声を聞きたいとの想いを封じ込めることです。その想いは子どもにとってプレッシャーになるようです。**声を聞きたい気持ちを抑えて、女児の感情の動きが柔軟になるように関わる**よう伝えました。

その後、女児はくすぐると声は出ないが嬉しそうで、自分からくすぐってもらいに来ることも見られるようになり、自分から担任に抱きつくようになりました。男性保育者でしたが、見捨てない気持ちで女児を抱き留め、「変わってきたね。これでいいよ」と言ってみる関わり方を勧めました。

やがて、女児は担任を大好きになり、一時独り占めをしましたが、担任の所在を確かめながら友達の中に入って友達について回って遊ぶようになりました。しかし、遊んでいる子どもたちにも確かめましたが、女児の声を聞いていないと言います。

ところがしばらくして、友達との追いかけっこで転んだことを知った担任が傍に行って女児を膝に入れると、小声で「痛い」と言いました。担任が「痛いの、どこが」と言うと、女児は「ここ」と言いながら膝を指差しました。

この発語をキッカケに、女児は園の中でもしゃべるようになって、保育者として担任中に声を聞けて嬉しいとのことでした。担任は、途中で女児の声を聞くことを諦めていたと気がついたそうです。

この後、この担任は何人かの場面緘黙《かんもく》児と思われる子どもの保育を行なって声が出るようになったので、園長からは「場面緘黙《かんもく》は君の担当ね」と言われるまでになったと聞きました。

**事例47：保育を通して仲間に育て直しを受けた保育者**

新卒の保育者Aさんは、ベテランの保育者の補助として保育を学ぶように配置されました。園での事例検討会が終了してから、Aさんを連れたベテラン保育者から相談に乗ってほしいと言われました。

ベテラン保育者によると、Aさんは、指導すればそれを取り入れようとはしてくれますが、いつも笑っていて一体何を考えているか掴めない不思議な人だと言います。Aさん自身も、ニコニコしながらそのことを否定はしませんでした。ベテラン保育者はAさんの背中をさするようにスキンシップをとっていますが、体が固いと感じるとのことです。

Ａさんを目の前にした私は、存在感が薄いように感じました。「今、先輩が背中をさすっているが、それが分かるかな」と聞くと、Ａさんは**「分かるようになりました」**とのこと。

そこで、ベテラン保育者に、Ａさんをくすぐって声が出るよう関わってみることを勧めました。同時に、Ａさんには、「くすぐられたらくすぐったいことが分かる人になろう」と伝えました。拙著『赤ちゃんが大人になる道筋と育て直し』（一粒書房）を渡し、読めるところを読むように心がけてほしいと付け加えました。

いつの間にか仲間の保育者が集まってきていて、「これからは私たちももっとくすぐるからね」という声が聞こえてきました。Ａさんには、「あなたの人生で大きな岐路に立っているよ」「自分のために頑張るように」と言って別れました。

半年後、Ａさんを見てびっくりしました。別人のような喜びに満ちた生き生きとした表情だったからです。半年間、何があったかを聞いたところ、次のようでした。

職場では、皆でくすぐり合うことをして、Ａさんも声を出して笑えるようになってきました。

Ａさんは就職してから、帰宅すると、園でどんなことがあったかを母親に話していましたが、より具体的に子どもとのやりとりを話しました。こんな子どもがいて、こんな関わり方をすると良いと言われたとか、先輩に言われた関わり方をしたら子どもが喜んだとか、こんな本を読むように言われて今読んでいるとか、Ａさんは母親に話していたそうです。

数ヶ月して、母親が突然「ごめんね。お母さん、間違ったことをしていたね」とＡさんに謝りました。Ａさんはそれを聞いて驚きましたが、ストンと何か腑に落ちた気がしたそうです。それから、Ａさんは生きているのが楽しくなって、保育を続ける気持ちが湧いてきたそうです。今は毎日が楽しくて仕方がないとも言っていました。

Ａさんは生まれてからずっと緊張した生活をしていましたが、ベテラン保育者との出会いでスキンシップを受け、それを受け入れました。その効果と同時に、家庭で母親に具体的な子どもへの関わり方などを話している中で、母親がＡさんの子育てで間違っていたことに気がついたのでしょう。詳細は不明ですが、母親に謝られたことで、Ａさんの母親に対するわだかまりが解けたのだと思います。ある種の生まれ変わりが起きて、生きていることを実感する生活ができるようになったと思います。先輩方から子どもが発達する関わり方を教わりながら子どもに関わることで、Ａさんにとっても育ち直りの体験ができていると思います。

**事例48：吃音の症状がある年中児への保育**

年中児A君は乳児から保育を受けていますが、2歳頃から吃音が始まり、病院の専門外来へ3ヶ月毎に通っています。A君はオモチャを独り占めしたり、何でも1番になりたがったりする傾向があります。

担当となった保育者は、まず、A君の吃音に対して、A君の思いをゆっくり代弁する関わり方を行なったところ、保育者とのやりとりでは吃音が減り、3ヶ月もすると園生活ではほとんど症状は現れなくなりました。一方で、何かと思い通りにならないと癇癪《かんしゃく》を起こし、何でも1番になりたがるので、友達とのトラブルが目立つようになってきました。

そこで、保育者がA君をくすぐってみたところ「僕、笑わないよ、なんともないよ」などと拒んだので、甘えられるようにくすぐって抱き締める関わり方を行ないました。初めは「先生、嫌い」と抵抗しましたが、保育者は「甘えられるようになろう」と言いながらくすぐって抱き締めを続けました。2ヶ月も経つと、「先生、嫌い」と言っていたA君を抱っこした時にフィット感を覚えられるようになり、保育者を大好きになりました。

この事例の場合、保育者は、子どもの発達段階を見立てて育て直しに取り組むより先に、吃音への対応を始めました。吃音の症状が出なくなると、保育者はつい子どもへの関心が薄れがちですが、A君が癇癪を起こしたり走り回ったりといった保育困難を感じていたので、それが幸いしたとも言えます。A君は甘えたいと訴えていたのかもしれませんが、保育者は発達段階の第1課題「生きている実感」を持てるように、くすぐって抱き締める関わり方で甘えられるようにしたものです。このように、**子どもの発達段階に関心を持って子どもに関わる保育**を行なってほしいものです。

# 保育からやり直そう！　――保育を通して「生きがい」を！

## 若い保育者A子さんからの1通の手紙

A子さんは4姉妹の3番目です。母親と姉が保育の仕事に就いており、自分も保育の道に進むことにしました。進学を決めてからは、高校生のうちから地元で開催されていた事例検討会に顔を出していました。

保育者として期待が膨らんでいた時に、突然、保育を辞めると聞いて、私は驚きました。同時に、A子さんのような20代での保育者経験は、若い保育者の参考になるのではないかと思い、経験を手紙にまとめてもらったものです。本書に掲載することについては、本人の了解を得ています。

私が保育士になろうと思ったのは、3歳の時に出会った先生のようになりたかったからである。先生は温かくて、いつも笑顔で、優しかった。大人になった今になっても、心に残っている。

進学は、短期大学の保育科に入った。母の誘いで、進学先が決まってから角田先生の勉強会（事例検討会）に参加し始めた。育て直しという意味さえ、まだ、分かっていなかった。母に言われるままに参加するだけであった。短大での保育実習で、気になる子はたくさんいた。でも、事例に取り上げる訳でもなく、大学生活が終わった。

就職先は、1クラス12人の少人数の保育園に入った。1年目は4歳児クラスを担任。11人クラス。1人はADHDの診断を受けていた。もう1人は知的障害の診断を受けていた。保育の仕方も分からないまま、毎日、仕事をこなすことに必死になっていた。子どもと向き合うことも、ほとんどなかった。

勉強会にもあまり参加しなかった。今思うと自分と向き合っていない自分から逃げていた。勉強会で耳にしたのは、まずは、くすぐって抱き締める。これだけが頭の片隅にあったので、意識して取り組んでいた。特に変化もなく、1年が終わり、終わった時には達成感もなく、後悔しかなかった。

去年見た子どもたちは隣の部屋にいたので、よく抱き締めていた。都合の良いことかもしれないが、離れるとよりかわいくて愛おしく思い、担任を持っていた時よりもスキンシップをとった。何かあれば話を聞き、嫌なことがあれば、背中をさすりながら私は向き合っていた。

いつの間にか、去年担任した子どもたちは、大好きな先生が私になっていた。とても嬉しかった。隣のクラスの先生も、いつでも部屋に遊びに来ていいよと言ってくれていたので、安心してスキンシップをとれた。少しずつではあるが、私に手応えはあった。

しかし、まだまだ勉強会に行っても自分と向き合い、保育することから逃げていた。

1年目に見た子どもたちの卒園式。最終日に保護者の方から「一生懸命な先生を、大好きです。これからもたくさんの子どもたちを救ってくださいね」という言葉をもらった。分からないながらにも、一生懸命やっていたことが伝わったのだと、本当に嬉しかった。この言葉をお守りに、来年も頑張ろうと思った。

3年目も4歳児クラスの担任。クラス発表をされた日から、来年度が来ることが怖かった。11人のクラス。周りの職員からは、関わり方が難しいクラスだと言われていた。勉強会でしっかり学ばなければいけないと、その時、やっとやる気を持って参加するようになった。

高機能自閉症と診断を受けていたA君。自閉症の診断を受けていたRちゃん。新年度初日はドキドキしながらも、子どもたちの前で「先生はみんなの一番の味方だから、何か嫌なこと、悲しいこと、怒れちゃうこと、怒られちゃったこと、先生のところに来てね、全部受け止めるから」と伝えた。

A君の様子を見ていたが、話は聞いているように感じた。まずは一人ひとり発達チェックをしていった。くすぐったら心から笑えるかを確認したが、A君はくすぐると怒った。スキンシップを嫌がり、抱っこをしようとしても反り返る。これは、今までスキンシップを心地よいと思う経験がなかったことが分かった。そこから毎日くすぐっては抱き締めた。しかし、友達がそれを見た時は「ぶっ殺す」と言って癇癪を起こしていた。A君は嫌なことがあれば、部屋を飛び出す。給食は偏食で、自分の好きなものを食べ終わったら、オモチャで遊ぶ。机に乗ったり、椅子に上ったりし、試す行動も多かった。

どうすればいいか分からなかったので、勉強会で事例を毎回出し、A君の育て直しに取り組んだ。代理ママになる覚悟で、A君に向き合った。A君は表情が少しずつ柔らかくなり、友達に興味を持つようになり、1人遊びから2人遊びをしてみようとする姿を増やしていった。

「大好きな人は誰？」と聞くと「先生が大好き、結婚したい」そう言うようになった。心から大好きで安心できる人や味方になってくれる信頼できる人がいれば、こんなにも人は変われるのだと実感した。

そして自分自身の育ちは保育をしている時に明確になっていたが、A君を育て直したことで、自分も成長し発達することができた。子どもたちに私は感謝している。

4年目になり、持ち上がりで担任を持つ。この時、クラスの子どもたちが大好きで離れたくなかったので、2年連続担任になったことがとても嬉しかった。1年前は想像もしていなかった。

A君は母の前で甘えたり、大好きと言ったりすることは一度もなかったが、少しずつ母の前でも見せるようになった。母の表情も柔らかくなっていくのは感じていた。

A君は家庭の事情で、引っ越すことになった。卒園まで保育したかったが、私は全力で向き合って、A君は大きく成長したから、後悔はなかった。やり切ったという思いと、新しい場所でも大丈夫という思いがあった。

新しい場所で、A君はこう言っていたと聞いた。「僕は大好きな先生がいて、それはね、○○先生なんだ」と聞いた時は、嬉しくて涙が止まらなかった。一生懸命やって目標としていた心に残る先生に少し近づけたと思った。

A君が引っ越したことにより、Rちゃんと真剣に向き合うことができる時間が増えた。

Rちゃんの食事面は、3歳までうどんと芋のペーストしか食べていなかった。言葉もおうむ返し。2語文を話すこともなかった。友達に興味はなくて1人遊びをしていた。パニックになると泣いて怒って、切り替えることが難しかった。

担任を持ってからは毎日くすぐって抱き締める、を繰り返していた。甘えたい時は受け止めていったことで、安心できる人になっていき、食事面ではいろいろな食材を食べるようになってきた。

5歳児クラスになり、友達に興味が出てきたり、絵を描いたり粘土で遊んだり、片付けの時間になったら片付けようとしたりするなど、見通しを持てるようになってきた。療育にも通っていたが、5歳児クラスが2ケ月経とうとしていた時、親は障害手帳を返還された。とても嬉しかった。

A君やRちゃんに障害というものは関係ない。育て直しをすれば、大きな壁も乗り越えられると私は思う。

私は5年目になり新しい夢があったので、退職することを決めた。退職することを知った保護者は、最後の日に会いに来てくれた。卒園児はみんないい顔をし、楽しく生きていることを感じた。最後に会いたいと思ってくれたことが幸せで、逃げ出したいこともたくさんあったが、こんなにも大きな愛が返ってくるのであれば、一生懸命向き合った方が人生は楽しいのだと思った。ある保護者には「先生に会いたくて。家ではいつも話になります。これからも一番の支えです」と。ある保護者は子どもと一緒に泣いて「寂しいです」と。

角田先生に出会っていなければ、こんなに保育の仕事にやりがいを感じて、目標であった温かく愛に溢れ、心に残る人にはなっていなかった。勉強会で育て直しを勉強したことで、子どもだけでなく、大人にも周りの友達にも心に寄り添える人になれた。

いつかまた私は保育の仕事をしたいと思っている。その時は、この出来事をお守りにして生きていきたいと思う。

## 兄弟の育て直しを行なった保育者に届いた母親からの手紙

手紙をもらった保育者は長男を事例検討の対象として取り組みましたが、長男に変化が出たことがキッカケで母親が子育てを見直し、講演会に参加したり拙著を読んだりして勉強を始めました。次男ともども「気になる子」でしたが、保育者は育て直しに取り組んで友達と遊べるようになって卒園した事例です。掲載については、保育者を通して保護者の快諾を得ています。

早いもので、次男も卒園を迎えることになりました。長男、次男ともにお世話になり、感謝申し上げます。先生に出会って、私の子育ても180度変わりました（笑）。長男の時は本当に今思うと、全く真逆の考えで、あのままだったら自分も子どもも家庭もめちゃくちゃになっていたと思います。先生に救ってもらったと思っています。今はとても楽しく、2人をとっても愛おしく思います。個性豊かな2人と過ごすのは、大変なこともあるけど、面白くて。面白いなぁと思えるようになったのも、先生のおかげです。本当にありがとうございました。先日、私が何かに悩んでいると、長男が「困っていることがあったら、先生に相談して」と私に言いました。面白くて悩みが吹っ飛びましたが。長男はよく分かっているなーと思いました。「先生なら聞いてくれるよ」なんて言っていました。

これからもいろんな壁にぶち当たると思います。そんな時は相談に乗ってください。講演会にも参加させてください。今の街にいてくれたらなーと思いますが、こればっかりは分かりませんね。どこへ行っても、お元気でいてください。ありがとうございました。

## ある園での取り組み事例

不適切保育に関連して、「気になる子ども」の保育に取り組んできた保育園を紹介します。私がアドバイザーとして、3回1セットの事例検討を提案し、2003年から20年間取り組み続けました。子どもの発達を中心にした保育であり、「適切保育」と言えるものだと思います。

K保育園は1970年代に創立。10年ほどしてモンテッソーリ教育（子どもには自ら育つ「自己教育力」が備わっていると考え、サポートする教育法）を取り入れて、保育の充実に努めてきましたが、1990（平成2）年頃から知的障害児、身体障害児とは違う「気になる子ども」が増え始め、保育に困難をきたすようになりました。

2000年代になって県内で全国保育士養成協議会セミナーが開催され、私は分科会「集団の中における『気になる子ども』の保育臨床」に参加しました。そこで提供された事例の2ヶ所について、育て直し経験に基づいたコメントを発言したことをきっかけに、K保育園他2ヶ園の園長と名刺交換をしました。

その後、私が提唱する「育ち」の角田メソッドの説明を聞いて、3ヶ園合同で講演会が開催されることになりました。その時、「気になる子ども」の保育をどうしたらいいかとの質問を受けました。「3回1セットの事例検討」を行なうことで、「気になる子ども」に子どもらしさが出てくるという実践活動を説明しました。そして、1回限りの事例検討ではなく、同じ子どもを対象に、同じ参加者で、2ヶ月くらいに1回の割合で3回事例検討をすることを提案しました。

2003（平成15）年から、3回1セットの事例検討会を3ヶ園合同で企画・実施されました。直後に職員からの申し出で、もう1セット実施することになりました。したがって年間2セット、K保育園からは1セット2～3事例、年間4～5事例の提供があり、2

010（平成22）年度までに通算32事例を検討しました。

事例検討初回では、担任（保育者）が保育困難事例を報告して、私が追加質問を行なって場面を再現します。そして私から、子どもの発達段階の見立てと関わり方について助言・指導を行ない、最後に担任から感想を聞きます。

それを参考に、担任は保育に取り組み、2ヶ月後、2回目の事例検討で保育実践を報告してもらいました。1回目と同様に私が追加質問を行なって、対象児あるいはその親を発達の視点で見立て、具体的に関わり方の助言・指導を行ないました。同じようにして2ヶ月後に3回目の事例検討をして、1セットを終了とするものです。

**早ければ2回目には子どもに変化・成長**が見られ、担任は保育に手応えを感じる事例も出ていました。**遅くとも3回目には、事例提供者は子どもの発達に合わせた関わり方ができる**ようになっていました。

取り上げた対象事例だけでなく、事例検討会の経験を、保育者は他の子どもの保育に活かしています。「気になる子ども」の変化・成長から保護者が協力的になっている事例も多々見られるようになりました。一方で、苦情を言ってきたり、イライラをぶつけてきたりする保護者も出てきました。それには別途相談を行ない、保育者への支援を行ないました。職員間でも意見を交換し、「気になる子ども」の保育に活かすよう取り組むようになりました。

２０１１（平成23）年からは、Ｋ保育園からの「自分たちでは改善が見込めない事例を取り上げたい」という要望から、年間４回（１セットと各園自主企画）実施することになりました。保育園では、２０２２（令和４）年まで２事例ほど検討して通算24事例に達しました。事例検討開始から20年間で、56事例（延べ１６８回の事例検討会）以上の事例検討を重ねました。この他に保育困難事例が出た時には、私が電話で助言・指導をしながら、保育者が対象児の育て直し保育に取り組んできました。

事例検討開始3年後には、他園の園長から「この頃、おたくの子どもは元気がいいなあ」と言われたとのこと。さらに5〜6年後、小学校との連絡協議会で、小学校のある先生から「Ｋ保育園から来る子どもは誰も授業中の立ち歩きがない」と言われたとのことです。

その後、年々「気になる子ども」が増えてきて、「気になる親」も増えてきました。保育者は事例検討での経験を活かして保育にあたってきましたが、「気になる親子」の増加で対応に困難をきたしているとのこと。

2020年からは、コロナパンデミックのため、対面での事例検討は中止となりましたが、K保育園ではオンライン会議ツールを使用して事例検討を継続しました。

2021（令和3）年12月に、20年ほど勤めた職員が結婚退職することになりましたが、それを聞きつけた卒園した小・中・高校生が親子でお別れの挨拶に来ました。在園当時は「気になる子ども」で、育て直しに取り組んだ子どもたちもいましたし、良い勉強をさせてもらったと涙ながらに語る母親もいました。49人の子どもと、20人ほどの親が来園したと報告を受けました。

そんな中、2022（令和4）年の暮れから「不適切保育」がにわかに世間の話題となっていました。保育者とは、事例検討を通して保育現場の実態を見てきましたので、いよいよ「保育の内容」に関心が出てきたと思うとともに、問題解決の方法に取り組んできたことになると思ったものです。子育て・保育の現場は、私の想像以上に保育困難な実態となっていると、認識を改めました。

2023（令和5）年になって、他の園での「気になる子ども」の多さと低年齢化に驚いた私はK保育園に確認しました。2019（令和元）年頃から新入園児の大半にくすぐって抱き締めることから関わることにしていること、事例検討の経験を活かして取り組んでいることを知り、安堵しました。

同年には、不適切保育の報道を見た遠方の保護者から、「K保育園でお世話になって、本当に良かった」という年賀状が届いています。

K保育園で事例検討の取り組みを始めて20年が経とうとしています。私も参加させていただきながら**「気になる子ども」の事例検討を繰り返すことで、保育者が保育に手応えを持つ**ようになりました。**その経験を同僚や保護者の理解と関わり方にも応用**して、保育者は対応するようになっています。一方で、想定外の状況にある親子に出会い、対応に困難を伴う事例も出てきているので、今後も事例検討は欠かせないとK保育園側は言います。

また、近年は子どもの出生数が減り、年度末に卒園する園児数に対して4月の新入園児数は大幅に不足しているので、定員数を引き下げるかどうかの問題が出ていると悩んでいるとのこと。しかしK保育園では、年度途中から転入園児や新入園児が増え、やがて定員を満たすほどになります。この展開に、園の管理者としては、対応に苦慮していると言います。

一般的には少子化の傾向の中で一段と「気になる子ども」が増え、保護者の養育力の低下傾向も重なり、保育者確保の難しさや保育力の低下も見られて、さらに不適切保育などと、保育現場は次々と問題を抱える状況です。どこから手をつけたらいいか、皆目見当がつかない状態と言っても過言ではないようです。

このような中でK保育園では、生涯にわたる人格形成の基礎を培う時期に、まず、子ども一人ひとりの人格形成の基礎から培う保育に取り組んでいると言えます。保育者は、**子どもの発達を踏まえた事例検討を繰り返し行うことで、「子どものための保育」「子どもの発達を中心にした保育」に取り組んでいる**と言えます。

K保育園では20年前から事例検討を繰り返し行って、保育者が「気になる子ども」の育て直し保育に取り組むところから始めました。その経験に保護者や保育者を巻き込んで、ますます保育困難になっている保育現場を、明るく活気のある保育園になるよう努めています。この実践活動は、**「不適切保育」の問題解決の方法の一つになる**と言えます。

## 事例検討の奨め

### 保育者にとっての事例検討の必要性と意義

**保育現場における事例検討**とは、事例の当事者である保育者が自分と子どもとの関わり方を具体的に提示して、それを参加者で、検討する取り組みです。**取り上げられた子どもの生涯にわたる人格形成の基礎を培うことに役立つ**ことです。

例えば、気になる子どもであっても笑顔が見られる事例の場合、心の底からの笑顔か作り笑顔かを保育者が見分けているかを確認します。作り笑いであれば、子どもは自分に素直に生きていないことになるので、保育者はくすぐって抱き締めて、子どもが腹の底から笑えるように関わることを提示します。

しかし、保育者向けの研修会の一つとして、事例検討が行なわれていたこともありましたが、1回限りの方式が一般的で、しばらくすると行なわれなくなりました。

事例提供者は、せっかく事例をまとめて提出してもそれっきりで、その研修会で学ぶものが少なく、自分に得られるものが少なすぎると聞きます。参加者全員が事例をまとめて出す研修会も行なわれましたが、自分の事例に参考になることが少なすぎるといった声を聞いています。

保育者が提出する事例の子ども（対象児）が育つことに役立つ、事例検討会のあり方を模索する必要があります。

**継続的な事例検討は、保育の資質向上のために重要な研修**です。私の行なっている事例検討は、保育者が子どもとのやりとりを具体的に提供して検討するので、保育者自身の関わり方が詳しく分かります。保育者は、**自身が自らの育ちと向き合い、子どもへの関わり方を覚える必要**があります。ですから、事例検討は、保育者にも、対象となる子どもの発達にも役立つものです。

医学や心理学の分野では、事例検討が頻繁に行なわれていますが、保育でももっともっと行なわれるようにすることです。

## 事例検討は、担任・担当者だけが行なえばいいのではありません

保育現場の園長や主任クラスの保育者は、担任からの相談を受けた時に指導、助言する立場にあります。そのために「気になる子ども」の保育について自ら事例検討の経験をし

て力量を高めるか、園内研修の企画や園外の事例検討会への派遣を考えることです。いずれは園内で事例検討が適切に行なわれることを期待しますが、当面は以下の2つの経験をすることです。

①園長・主任が、悩める担任の了解を得て、自らその子どもとの関わりをまとめることです。そして、**園長・主任が率先して事例検討会で事例提供して、事例検討を経験すること**です。

その経験を担任と共有して子どもとの関わり方に活かすのです。指導的立場にある保育者が自ら経験して、園内での事例検討のあり方を模索することです。子どもの変化・成長に役立つ事例検討会を経験すれば、保育者が保育に前向きに取り組むようになります。

②園長・主任が事例提供して育て直す経験をしたことをもとに、**悩める担任に事例をまとめて報告してもらい、アドバイザーとして担任への助言・指導を行なう方法**があります。

指導者は、園内にいる子どもを取り上げるので、自ら対象児に関わることもできます。指導者は、報告を聞いて対象児の育ちをイメージして担任と話し合うこともできます。また、指導者自身の対象児の見方や関わり方と担任のそれとを照らし合わせることもできます。助言・指導だけでなく、指導者は担任に行動見本を見せることができます。

**事例検討会への参加の仕方**

1～2ヶ月に1回の割合で継続的に行なわれる事例検討は極めて少ないのですが、そういった機会に参加して自己研鑽に努めるやり方は2つあります。

①とにかく事例検討会に継続的に参加し、聞きながら自分の事例理解や関わり方とアドバイザーの助言・指導とを照らし合わせながら学習することです。

②自らの保育をまとめて事例提供し、アドバイザーから助言・指導を受けながら、何回か検討と保育実践を繰り返すことです。この経験が、保育者の保育実践力の向上に役立ちます。

こうした**保育と検討を繰り返すと、自分の保育の特徴や改善点が見つかります。**しかし自分の経験不足の乳幼児体験を知ることは、身に堪えることもあります。数回経験すると、自分の育ちと向き合うことになり、**子どもへの関わり方を通して、保育者自身の変化・成長を経験**することもできます。

保育における事例検討の内容は、臨床心理学で言う「スーパービジョン」と「教育分析」を合わせたものだ、と私は思っています。保育者は自分の取り組んだ事例を報告して、私が提唱する「育ち」の角田メソッドで子どもの発達段階と次への関わり方について、助言や指導を受けます。子どもの発達を促す関わり方ができるかどうかは保育者の育ちが密接に関わるので、できない自分は自らの成育歴を振り返り、育ちを認めて、子どもの発達のための関わり方を行ない、子どもの変化・成長を見て育ち直る体験をするとも言えます。「スーパービジョン」と「教育分析」を合わせた適切な表現を思いつかないので、ひとまず、**「育て直し法」**と名付けておきます。

**事例のまとめ方（提供する内容）**

**事例検討会の1回目**は、

・対象児の頭文字（名前の頭文字の使用で対象児が特定されるリスクを避ける）
・対象児の年齢（3歳までは月齢まで記載する）
・家族構成と子育て姿勢
・提供者が対象とした理由あるいは事例提供の動機
・担当してから検討対象となるまでの保育場面（子どもとのやりとり）を具体的に2～3場面
・事例理解の補助となる資料

などを、事例提供を行なう保育者は準備し、報告できるようにすることです。

**2回目から**は、

・事例の概略と前回までの取り組み

・前回の助言内容

・1回目の事例検討後の保育方針と、その後の保育実践を2〜3場面

などを、事例提供を行なう保育者は報告し、検討会で助言・指導をもらいます。

**3回目以降**は、2回目で行うことを繰り返します。

この経験で、保育者は自分の保育を俯瞰《ふかん》することができ、着実に保育力が向上します。

**3回1セットの事例研修会**

事例提供する保育者は、経過の報告書をまとめるだけでも自分の保育を客観的に見ることができ、自己研鑽となります。

事例検討会で自分の行なった保育を報告することで、自分の保育を客観的に理解することができることもあります。例えば、子どもの気持ちを自分では代弁しているつもりでしたが、思い出しながら書いてみると、自分が一方的に話しかけていて、子どもの気持ちを

確かめていないことに気がついた保育者がいます。

また、事例をまとめようとしても具体的なやりとりを思い出せないので、録音しておいて、それを再生する作業を行なった保育者もいます。

さらに、自分の保育をまとめて発表しましたが、その場にいない人に分かるような内容の報告になっていなくて、報告するのに苦労した保育者もいました。

事例検討会は、**参加者の発言や指導者・アドバイザーから助言・指導を得た保育者が、子どもの発達を踏まえた理解の仕方、子どもの発達を促す関わり方などを点検したり、見直し**たりできます。そして保育方針を立て直して保育に臨み、また保育の結果を報告します。子どもと噛み合う手応えを持つこともあるでしょうし、自分では思うように展開しないと思うこともあるでしょう。

そうしたことも事例検討会で報告して、参加者の意見や指導者の助言・指導を得るのです。支持されることもあるでしょうし、さらなる見直しを必要とすることもあるでしょう。

事例提供した保育者は、事例検討会で得た保育方針の実践とさらなる検討を繰り返すことです。3回ほど繰り返すと、事例提供者は子どもと噛み合う手応えが持てるようになります。実践と検討を繰り返す経験をすると、保育者自身が第3課題の「人見知り・後追い」経験があれば、早ければ2～3事例の経験で、子どもの発達を見立てて発達段階に合わせた関わり方の基礎を培うことができます。

そのため、事例検討会を企画する者は、事例提供をした保育者が**毎回同じアドバイザー**に助言・指導をもらえるように実施計画をすることです。子どもの変化・成長は速いので、保育業務との関係で**1～3ヶ月間隔**で実施することです。

指導者・アドバイザーにも、提供された子どもの成長・発達に一定の責任が伴うことになります。事例理解が適切であるか、助言・指導した子どもへの見方や関わり方が適切であるか、事例提供者に分かるように伝えているかなど、継続することで検証できます。場合によっては、指導者・アドバイザー自身が、提示した事例理解や関わり方を修正して、助言・指導することができます。

いずれにしても、**事例検討会は、事例提供される子どもやその保育者にとって役立つことが重要**であることだ、と忘れないでください。

また、事例検討会においては、**司会者の役割**も大切なものです。事例提供者の発言や、取り上げられている子どもの成長・発達に関わる発言を取り上げるように、会の進行を図る必要があります。

一般的には1回限りの事例検討会が多いので、少なくとも3回の実践と検討を繰り返す事例検討会での司会は、初めのうちは試行錯誤の連続でしょう。

司会者だけでなく、**参加者も、事例提供者に役立つように、発言を心がける**ことです。提供されている事例の子どもの人格形成の基礎が培われるように、保育者も、アドバイザー・指導者など参加者一同で、事例提供者や子どもの成長・発達に役立つように考えることになり、子どもの変化・成長が得られることになります。

**事例検討会は、具体的に子どもの変化・成長が得られることを目的とする**ものであることを強調します。

**事例集を読む**

現在は、公表されているものは少ないですが、事例集を読んで勉強します。また、園内で事例検討した時に、それを事例集として保存することも勧めます。保育者は自分の必要に応じて事例集を読み、自分の保育の参考にできるからです。園内あるいは仲間で、事例を読みながら意見交換することも保育の質の向上に役立つと思います。

また、児童精神医学や臨床心理学など関連分野の事例を読むことも、保育と比較しながら勉強できるのでお勧めします。保育の特徴を自覚することに役立つでしょう。
いずれにしても、**保育者には守秘義務がある**ことを自覚して、保育や事例検討などに臨むことです。

**複数職員でのクラス運営**

園内やクラスは、正規職員、パート・臨時職員などをはじめ、さまざまな立場や職種で構成されています。それぞれの立場、役割はあるものの、**子どもが生涯にわたる人格形成の基礎を培えるように協働する**ことです。

近年、1クラスに複数の保育者で保育にあたることが多くなっています。複数の保育者といっても、2人の時もあれば、3人の場合もあります、常勤担任1人とパート保育者が複数で構成されることもあります。**保育者の肩書きや経験年数などに関係なく、子どもにとっては、自分に関わってくれる保育者でしかない**のです。これを忘れないことが大切です。

いずれにしても、適切保育を目指す保育者ばかりなら、「不適切保育」の問題が起きることはないでしょう。複数の保育者の中で不適切保育をする者が1人でもいると、子どもにとっては保育環境が好ましくなくなることがあります。

この時、上司の判断が大きく影響を与えます。**不適切保育者をどのようにして適切保育者にするか、指導力あるいは管理能力が問われます。**序列や力関係が生じていて、不適切保育者が主となると、他の保育者はそれに従うか、辞めることになります。不適切保育者の顔色を見ながらの保育になれば、子どもが不適切保育を受けることになります。適切保育のできる保育者が辞めれば、不適切保育者が多くなり、子どもたちは不適切保育を受けることになります。

「不適切保育」が問題になってきた今の大きな課題は、不適切保育者をどのようにして適切保育のできる人にするかです。決して不適切保育を認めるものではないのですが、不適切保育を行なった人を、一人の人として認めることは忘れてならないことです。

不適切保育を行なう保育者は、それまでの人生でかわいがられたことがなく、避けられる傾向にあったと思われます。辛く悲しい人生を送ってきている人だろうと思います。その辛い経験に耳を傾けて、吐き出してもらうのです。それに成功すれば、不適切保育者の辛く悲しい思いは軽減されます。自分の存在を認められるので、不適切保育を行なった者でも、前向きになることが可能となります。

近年見られるのは、保育者の内部通告や保護者からの訴えで、不適切保育が表面化することです。それを機会に、**不適切保育者が適切保育を行なうように**なれば、それも有りです。

不適切保育をテーマにした保育者向けの研修が開催されていますが、参加者からは、どういった保育が不適切保育（マルトリートメント）なのかを示すだけの趣旨が目立つと言います。子どもが健やかに発達するような発達理解と関わり方を学習する研修はない、「気になる子ども」に対する保育について取り上げてほしいとの声を耳にします。

不適切保育が表面化すると、保育者はその園を辞めて、まもなく別園で保育にあたる事例を耳にします。このような問題解決でいいのでしょうか。保育者、保育養成者、保育指導者を含めた**すべての保育に携わる者が保育の現状と向き合い、不適切保育者が適切保育を行なえるようになった経験に学ぶ姿勢が欲しい**ものです。

**事例49：教え子の退職を支援した**

教え子が、希望した保育園に採用されました。1年間はとにかく保育を覚えることと自分に言い聞かせて、彼女は3歳児の保育に臨みました。

半年ほどして、その教え子から相談がありました。子どもが抱っこを求めてきたり、膝に入ってきたりすると、教え子はそれに応えていました。また、保育者の指示、命令、禁止の関わり方で子どもをいきなり従わせるのではなく、子どもの気持ちを聞いてから子どもの相手をしていると、先輩から「早くしなさい。いちいち相手しなくていいよ」と言われてしまうそうです。子どもの気持ちと先輩の間で悩んでいるとのことでした。

そこで、主任か園長に相談できそうなら、機会を見つけて話してみるように助言しました。その結果、もう少し頑張ってみるとの報告がありました。

数ヶ月して再度教え子から相談がありました。その後を聞くと、主任や園長に相談すると、話を聞いてくれて「頑張りなさい」と言われました。しかし様子を見ていたが、先輩の保育に変化が見られず、辞めたくなったというものです。ただ、途中で辞めたくない気持ちもあるとのことでした。

そこで、目の前にいる子どもたちのために、進級するまでなんとか頑張って、その後、その園を辞めることを勧めました。

やがて、3月末でその保育園を辞めたと、教え子から報告がありました。よく頑張ったと労いながら、「子どもの発達を促そうとするあなたの保育姿勢を必要とする園はあります。自分の目指す保育に合った園を探して、見当たらなければ相談するように」と伝えました。すると、新しい保育園で働くことにしたと連絡がありました。決める前に試しに保育に参加した際、良い先輩保育者たちのいる園だったので、ここで頑張ることにしたと報告がありました。

## 仕事と育児の両立

女性が仕事と育児・子育てをどのように両立させたらいいか、乳幼児から老人世代までの相談、援助活動の経験をもとに1つのモデルを提示します。女性の生き方、そして男性の生き方を考えるヒントになれば幸いです。

子どもは、1組の男性と女性によって懐妊状態となり、女性のお腹の中で成長します。子どもは女性の体の中で大きくなるものであって、男性ではできないという性差があります。

命を授かったことに感謝しながら、女性は一時的に仕事から離れ、子育ての準備に取り組みます。そのためには、女性は男性・父親によって守られて、安心感が持てることです。この環境下で、心地よい胎教が始まるのです。出産した女性は、母親と呼ばれるようになり、当面、育児にあたることになります。

無事に産まれた子どもは、母親を中心とした養育を受けて「三つ子の魂」を培うことになります。子どもの発達段階で言えば、第1課題「生きている実感」から第2課題「安全・安心、身を守る感覚」を経て、第3課題「私は私、一人ではない」を達成することで、満1歳頃には人としての基礎が培われ、家族の基礎が培われます。

子どもがここまで育つには、母親自身の「三つ子の魂」が培われている必要があります。もし適切にかわいがられた経験がない母親の場合、我が子の発達段階に合わせた関わり方を見よう見まねで行うことです。母親と父親が協力して、我が子が生涯にわたる人格形成の基礎、三つ子の魂を培うことを中心に据えた生活をすることです。第3課題の具体的な「人見知り・後追い」を達成するのは概ね満1歳頃です。この達成で子どもにとっては一人の「人」として基礎が培われたことになります。

母親や父親にとっては、この子を置いては死ねないとか、この子のために頑張ることができる心境になります。

ここまでは、概ね1年間の育休中に行うことができる子育てです。我が子と両親にとって、人としての基礎ができただけでなく、家族の基盤ができたことになります。

第2子、第3子などについても育休中に第3課題まで達成するように育児をしたなら、概ね10年ほどが経ちます。職場復帰した母親は職場では中堅となり、父親も家庭の基盤ができたところで職場では中堅となります。

家庭では、我が子は思春期に入り、人としての基礎を培っているかどうかが表面化することになります。人としての基礎が培われているなら、頼もしい子どもになっています。人としての基礎が培われていないと、不登校となったり非行をしたりすることになり、両親とも仕事どころではなくなります。

仮にそうなったとしても、親だけが責任を負うものではありません。次世代育成に関わる環境にも責任の一端はあります。両親は子どもに謝罪して、そこから育て直しに取り組むことです。社会はそれを支援する体制を整えることです。

母親にとっての育児は、母親にしかできないことと思いますが、母親にとってどのような意味があるのでしょうか。男性・父親の生き方と比較して差のあるものでしょうか。

子ども一人ひとりの乳幼児期、特に乳児期には、母親にとっての育児は、母親の育ちが反映されていることを自覚して臨むことです。**子どもにとっての第3課題までの達成経験は、母親・父親にとっては、親自身が一人で生きているのではないと自覚**できることになります。**子どもにとっては、母親・父親がなくてはならない人だという自覚が持てる基礎**経験となります。

これは、母親としてだけではなく、女性として、人としての自信に繋がるものと思われます。この経験は父親を中心にしてできるものではないので、ここに、母親が育児（乳児期）にあたる重要性があると言えます。今日の社会には、次世代育成の責務があるので、支援体制を充実させる必要があります。

こうして、子どもにとって、母親にとって、父親にとっても家族の基礎ができ、家庭を心の基地（拠り所）にして、それぞれ家庭外で活躍できることになります。子どもは人としての基礎が培われているので、自立した青年男女になって生活します。年齢が上がると両親の手助けもできるようになっています。

母親が育児中心の生活を送っている間、父親は生活費を稼ぎながら母親の話し相手となることで、子どもの成長・発達に関わるとともに家庭の基礎づくりをすることになります。

特に、第3課題の達成では、母親だけでなく母親の仲好しが父親であり、家族の一員であることを子どもは感覚的に自覚することになります。

**母親は、子どもに第3課題を達成させる関わりをすることで、母親としての手応え、女性としての手応え、人間としての手応えを持つ**ことができます。父親は、稼ぎながら母親の話し相手をして、子どもの心身の基礎づくり（「三つ子の魂」を培うこと）に貢献することで、家庭の基礎ができます。

その上で、父親は子どもが思春期になる頃、仕事においては中堅の位置となり、仕事で若者の育成・後継者作りに取り組むことになります。子どもの人としての基礎づくり（「三つ子の魂」を培うこと）はできているので、職場で若者の育成（育て直しに寄与）ができます。人の基礎づくりにはどのような経験が必要か理解できているからです。子育てが一段落した女性が職場復帰しても同じことが言えます。

育児・子育ては、繰り返すものだと考えるので、理想的には両親ともが大人になって育児・子育てにあたることです。しかし、実際には結婚することへの不安が出てきたり、育児・子育てへの不安が出てきたりすることがあります。妊娠・出産に臨んで育児への不安が出てくることもあります。出産後に育児への不安が出てくることもあります。これらの不安は誰もが経験することですが、同時に自分自身の育ちの不十分さが現れていると言えるのではないかと考えます。

親自身が育ちに不足や偏りがあると、子育てに臨む時、一層の悩みや不安になるものです。またこの時、自分の親への反感・反発や疑問などが表面化することもあります。女性として、親として、自分の親子関係の見直しに取り組む必要も出てきます。

それは結婚や育児・子育てを諦めることではありません。両親で助け合って、子どもの成長に合わせた関わり方を行なうことで、**子どもの成長に助けられて前向きに育児に取り組むことができるのです。それとともに、子どもの成長に助けられて、母親も父親も育ち直りの経験ができます。**自分のしてもらったことはできますが、自分がしてもらっていないことであっても、我が子の育児にあたることで経験できるものがあるのです。

不安を乗り越えて育児・子育てに臨むには、自分の育ちと向き合い、認めることが重要です。親自身に経験できていないことは素直に認め、意識的に見よう見まねで子どもの成長・発達を促す関わり方を心がけていると、自然にできるようになります。

特に、最初の子どもの第3課題の達成を認めることができると、親子ともども生きる元気が出てきます。さらに第5課題「交渉」まで達成できると、親子ともども社会人としての基礎を培うことができたことになるので、育児・子育てに手応えを持つことができます。

第1子は、第2子以降の弟や妹たちに対して、自分がしてもらったことを行なうようになりますが、自分がしてもらっていないと、自分にも弟や妹のような関わり方をしてくれるように、親には困った言動で訴えることになります。

このようにして子育て経験をすると、個人や家庭の基礎ができる人間となるので、会社や事業所にとって、職場の活性化が見られます。そうした集団が、地域社会の形成、健全な国家の構成に役立つことになると考えます。

やがて子どもが結婚して子ども、すなわち孫ができた時、親は祖父母となります。孫の成長・発達に合わせた関わり方もできるし、若い父母の相談相手もできます。

最後の孫が第3課題を達成したことを認めると、「老いては子に従う」心境になることができます。子育ては、親子3代に関わる仕事とも考えています。

中国の『礼記』という経書にある「修身斉家治国平天下」（自分の身を修め、家庭をととのえ、国家を治め、天下を平らかにすること）は、中国における漢の時代の男性の生き方を表している可能性があります。男性の生き方を女性がそのまま行う必要はないと思います。また、歴然としている男性と女性の性差を認めた上で、女性にとっての仕事と育児・子育てについてまとめてみました。

女性にとって仕事と子育ての両立が話題となったのは、欧米では産業革命以後ではないでしょうか。それ以前は、女性は子どもとともに生活しながら仕事（家事・育児）をしていました。近年、日本でも女性には「仕事と子育ての両立」が人生上での大きな課題となっています。女性が自宅で仕事をしながら子育てすることは珍しくなっています（女性が通勤して子どもから離れた場所で8時間ほど働いて帰宅する場合）。

「三歳児神話崩壊」が話題になった時期があります。3歳まで親が手元で育てる必要はないというものです。保育所、幼稚園の充実で十分に子どもは自立した大人になっていけるとの考え方です。しかし、親は子どもが何歳であっても親であるし、子どもは子どもです。**最も重要なことは、人の一生という人生の幅で、より健やかな大人となる過程に関心を持ちながら次世代を育成することだ**と、私はこれまでの相談・援助活動を通して思います。

**事例50：ある中学校校長の呟き**

ある中学校での現職教育（職員研修）で子どもの発達を説明した後、校長から次のような話を聞くことができました。

育休半年の時代の女性教師の子どもと、1年の育休が取れるようになった時代の女性教師の子どもとでは、子どもの質が違うと感じ、それが長年の疑問であったそうです。

子どもを発達の視点で考えると、生後6ヶ月で母親が職場復帰すると、これから好きな人の中から大好きな人が見つかる時に母親がいなくなるので、子どもは裏切られるというか見捨てられるという気持ちになります。

生後1年での職場復帰では、育休中に大好きな人、すなわち母親が見つかり、「後追い」という第3の課題を達成してから、母親が職場復帰します。初めは別れ泣きが強く出たとしても、母親は裏切らないという基礎が培われているので、母親は大好きな人として子どもの中に宿ると思います。

これが、子どもの質が違うということなのだと理解されたようです。

**事例51：事例検討へ参加して学習し、4人目の育児に取り組んだ保育者**

30代後半のある女性保育者は、自主事例検討会に参加していて、何度か事例を提出したこともあります。

参加して2年ほど経った時、4人目の子育てをしたくなったので、しばらく事例検討会を休み、育休明けから参加したいとのこと。

それから2年後、再び事例検討会に参加してくれました。彼女によると、仕事と育児の両立はできるそうです。上3人の子どもの育児ではあれもこれもと夢中で取り組んできたが、4人目は7つの発達段階を中心にした育児を心がけ、発達のポイントを押さえて育児すれば、少し余裕を持てたとのこと。

保育者である彼女の言葉ですから、説得力があると思いました。

## 保育への期待を持つに至った過程

2022年末から「不適切保育」「虐待保育」がマスコミで取り上げられています。保育に携わる者としては、好ましい内容ではありませんが、保育の「内容」に関心が出てきたこの時を逃してはいけないとの思いでいます。

私は当初、地方公務員となって、心身障害児（者）総合施設、児童相談所、保健所、県事務所民生課などで、心身障害児療育、児童相談、精神保健相談、生活保護や老人福祉などに取り組んできました。

不登校相談や非行相談では、必ず成育歴を聞いていました。それは、乳幼児期は人としての基礎を作る大切な時期だと聞いていたし、諺の「三つ子の魂百まで」にも関心を持っていたからです。今さら成育歴を聞くことは母親を苦しめるだけだから聞いてはいけないという専門職の人もいましたが、適切な乳幼児期を過ごしていたなら、問題は起きないだろう。大切な乳幼児期の経験で不足しているものがあれば、それを経験することで問題解決に至るのではないかと、漠然とですが私は考えていました。

不登校相談では、本人は家の外に出ないので、来談する時の相手は主に母親でした。本人を連れてくることを前提にする相談者が大半でしたが、私は、母親が不登校状態の子どもにできることを母親と一緒に考えようとしました。

母親とのカウンセリングを毎週のように行ないました。小・中学生になってからでも、経験不足の乳幼児体験を経験すると、家庭で子どもの育ち直りが始まり、自力登校する事例が出てきて、その数が増えていきました。

非行相談でも親とのカウンセリングを行なうと、親子関係が改善されて、再非行をしなくなった事例に出会い、その数が増えていきました。

相談を重ねているうちに、**乳幼児体験の大切さ**が分かってきました。そこで、人として適切な乳児体験が必要なら、不登校や非行を行なってからではなく、**できるだけ早期に、できるだけ早い年齢で、本来の経験をする方がいい**と考えるようになりました。乳幼児期を担当する保育者の役割に期待が高まりました。

そのタイミングで、乳幼児期の保育の大切さを理解している指導保育士に出会って、保育者向けの自主研修会を開催することになりました。

当時は1980年代の初めですが、保育分野では、保育園での障害児保育への関心が広がるとともに、障害児とは違う「気になる子ども」の保育をどうするか、保育者に関心が出てきていました。

やがて、毎月、自主事例研究会が開催されました。そこでは、保育者が「気になる子ども」に関わることで、子どもが育ち直るようになっている事例が次々報告されるようになります。

そして、保育者養成への関心が強くなり、児童福祉法に基づいて設けられた保育者養成施設（その後廃校）で働く希望を出しました。そこには、保育者の養成課程と研究課程とがありました。

養成課程では、講義の内容に沿って事例検討の結果を紹介したり、ゼミナールに事例研究を取り入れたりして、保育者としての実践力の基礎を学生に学習してもらうようにしました。

研究課程でも、3ヶ月間の現職教育（職員研修）を受ける愛知県内の学生（現職の園長や主任）に相談経験を説明したところ、毎回数名の研究生が事例研究に取り組みました。実質は2ヶ月くらいで保育実践と私との検討を繰り返すと、対象の子どもに変化・成長が見られました。研究課程の学生は、事例のまとめ方、繰り返すことの意義を理解し、その後、地元で自主事例検討会を始めることもありました。

その後、再度、県職員として児童相談の仕事に就いていた時、短期大学から誘いがあり、保育者養成校で働くことにしました。28年間の県職員生活に終止符を打ち、保育者養成と現職教育に集中することにしました。

当時は、園児とうまく関わることができなくても、なんとかなりたいと勉強しようとする意欲のある人が大勢いたので、自主勉強会は盛況となりました。

時間が経つうちに、現職教育においても保育者養成においても、育て直し活動に足を引っ張る動きが出てきました。

しかし振り返ってみると、保育者養成でも、現職教育においても、今で言う「不適切保育」を行なう保育者が幅を利かせるようになり、子どもの成長・発達を促す保育を学ぼうとする人は、年々少なくなってきていたことになります。「不適切保育」を行なう保育者を育ち・乳幼児体験の視点で見て、第3課題における「人見知り・後追い」経験をしていない人たちではないかと仮説を立てています。

14年間の保育者養成校を定年退官してからも自主勉強会に呼ばれていますが、保育現場だけでなく、次世代育成はこれでいいのかと、危機感を年々募らせるばかりでした。

加えて、2022年暮れからにわかに「不適切保育」「虐待保育」が世間を賑わすことになりました。とうとう表面化してしまったと思うこの頃です。

**今こそ、「不適切保育」問題を解決する時**が来ていると思います。今、取り組もうとしなかったら、少々大袈裟かもしれませんが、「悪貨が良貨を駆逐する」日本社会となってしまうと危惧するものです。

長年にわたる私の実践活動を紹介し、読者の取り組みに役立つことを願っています。そして、自主的でもいい、園内研修でもいい、地域での研修でもいいのですが、**子どもの生涯にわたる人格形成の基礎を培う保育に取り組むことで道は開ける**と、思うものです。

保育事例を検討することで、子どもの発達の理解と次の発達段階に向けての具体的な関わり方を学ぶ仲間が増えることを願っています。**経験不足の乳幼児体験は、何歳からでも経験できます。**乳幼児体験といっても、胎児体験から乳児体験まで遡ることです。

## おわりに

私自身が後期高齢者となって気がついたことがあります。長年の私の課題である体の緊張が整体でほぐれることで、心身の緊張もほぐれてきたと実感しています。

金槌で泳げなかった私が水に浮くことができるようになり、ハイハイをせずにいきなり歩いた体が、ハイハイをしてからの二足歩行ができるようになりました。心身とも緊張感に支配されていた70年間であったことが、今になって分かってきました。

2歳10ヶ月頃、放送終了となったNHKラジオドラマ「鐘の鳴る丘」を聞いて、その施設に入りたいと思った記憶が鮮明に残っていますが、育ち直りたいと思った原点であると分かってきました。最近、新たなステージに立って、私の人生が始まっている気がします。

乳幼児期、中でも胎生期~乳児期~3歳までに、人は生涯にわたる心身の基礎が培われます。改めて、「三つ子の魂百まで」の諺はそれを表していると思います。生涯にわたる人格形成の基礎が培われるのが乳幼児期であるとも言いますが、死語になってしまったような「一つ、二つの『つ』のつくうちの子育て」という言葉も、そのことを表しているように思います。

乳幼児期が大切と捉えがちですが、**乳幼児体験が大切**だと実感しています。世間には、人生をやり直している人たちがいますが、**人は何歳からでもやり直しができると分かってきました。決して諦めることはない**と強調したいです。

保育あるいは学童保育に関わる人に、乳幼児期、学童期に、生涯の基礎となる乳幼児体験を経験できるようにと訴えたい。不登校児童・生徒のための「フリースクール」には、居場所作りをして、そこで生涯にわたる人格形成の基礎を培う活動をしてくださるように訴えたい。学校では、「支援学級」が増えていますが、そこで心の育ち直りの支援をしてくださるように訴えます。

「気になる子ども」が増えても、不適切保育者がいても、親としては首を傾げるような行為を行なう親がいても、保育者や相談者は決して諦めることはありません。人は、何歳からでも育て直し・育ち直りはできます。保育を通して、育て直しのできる大人になりましょう。**育て直し活動には、学習に加えて、経験・実感すること**が重要です。

人は一人では、育つことも、育ち直ることもできません。子育てにおいて日本は、欧米の考えや取り組みにくらべても先進国と言えるでしょうか。明治時代の初め、日本の子育てを見て「日本は児童問題を解決している」と日記に記した来日外国人がいます。今の日本は、そうした日本の良さを失いかけています。

鎖国を開いてから150年以上経ちますが、近年の欧米諸国を見た時、子育て先進国と言えるでしょうか。先進国に追いつけと頑張っている開発途上国は、先進国が次世代育成に問題を抱えていることを踏まえて、改善策を考えているでしょうか。

2000年代初めに、イギリスでの教育視察に参加した教師が語っていました。イギリスでは、女性教師の「育児と仕事の両立」が課題となっているとのこと。まだ、子育てに関する言い伝えが残っている日本は、今こそ、子どもを健やかな大人にするとともに、健やかな大人にするように育て直す取り組みを実行する時機だと訴えます。

諺にある「三つ子の魂百まで」は名言である、と実感しています。しかし、諺を知っていてもそれだけでは保育や子育てに役立ちません。「生涯にわたる人格形成の基礎」とか「三つ子の魂」を具体的な節目で表して、次の節目に達成する課題のための関わり方を、私は「育ち」の角田メソッドとして具体的に提示してみました。30年以上にわたって検証してきているので、これから取り組むにおいて参考になると思います。

「三つ子の魂百まで」が死語になりつつありますが、日本の良き知恵を活かしましょう。

「父親は最初の他人」「一つ、二つの『つ』のつくうちの子育て」などが死語になりつつあるのは誠に残念です。

**今からでも遅くはない。読者には、もう一度、子どもを育てる、子どもを育て直すことに取り組むことを提案**します。一人ひとりが互いの育ちを認め、助け合うことで、当事者だけでなく、地域社会が明るくなります。やがて日本社会が明るい住みやすい国となります。子育て後進国となったと言える欧米を基準において、追いつけ追い越せと考える必要はありません。一人ひとりの日本国民が育ち直ろうとすることで、日本は欧米の追随をすることなく、今より健全な国になります。これは、大袈裟なことではありません。時間はかかりますが、諦めることはなく、取り組み続けることが大切です。

本書でも、その手法の一つを紹介している、と自負しています。私にお迎えが来るその時まで、心身の健康に気をつけて、皆さんと一緒に頑張りたいと思っています。

合掌

## 著者プロフィール

# 角田 春高（かくた はるたか）

1948年愛知県生まれ。愛知県立大学文学部社会福祉学科卒。1971年から愛知県職員として、愛知県心身障害者コロニー短期母子療育施設・緑の家、児童相談所、保健所、福祉事務所、保育大学校に勤務。乳幼児から老人世代までの相談、事例援助活動に従事して、一生の中での「今」に相談に乗ることを学んだ。数多くの実践的研究と考察から、赤ちゃんが大人になる道筋を「二段階人格形成論」として構築し、何歳からでも経験不足の乳幼児体験を経験することで多くの問題解決に取り組んでいる。その経験知を順次「角田メソッド」としてまとめて、講演や事例援助などで活動中である。1999年～2013年まで愛知学泉短期大学幼児教育学科教授として、保育者養成と現職教育に取り組む。

2013年～2018年、愛知県教育委員会からスクールカウンセラーの委嘱を受ける。

2020年、一般社団法人 子ども子育て・教育研究所（クペリ）顧問に就任。

現在、健やか育て・育て直しアドバイザー／保育心理士。

【単著】

『育て直しの育児学』相川書房　1999年

『“今”からはじめる「育て直し」』エイデル研究所　2003年

『あきらめないで「育て直し」「育ち直り」』エイデル研究所　2007年

『赤ちゃんが大人になる道筋と育て直し』一粒書房　2020年

【監修】

『これが心の育て方』グッドママ　2016年

「あづみ野発　みらい行き　子育て」
　長野県安曇野市こちょこちょの会、2020年

【分担執筆】

「児童青少年の問題行動・症状の実際的なとらえ方とつきあい方について」安田生命25周年記念研究論文・療育指導レポート入選作品集　1990年

「保育所における社会福祉援助技術“気になる子”の援助事例」最新社会福祉援助技術　（株）みらい　2000年

園と家庭を結ぶ保育誌『げ・ん・き』連載　エイデル研究所　第71号～第166号　2002年～2018年

「新発達論としての二段階人格形成論　発達の視点による育て直し・育ち直り」愛知学泉大学・短期大学紀要第47号　2012年

角田春高のオフィシャルサイト「すこやか育て･育て直し」

**「振り返り」と「謝ること」で変わる保育**
―育て直し・育ち直り―

2024年 9 月15日　初版第 1 刷発行

著　者　角田 春高
発行者　瓜谷 綱延
発行所　株式会社文芸社
〒160-0022　東京都新宿区新宿1－10－1
電話　03-5369-3060（代表）
03-5369-2299（販売）

印刷所　TOPPANクロレ株式会社


ISBN978-4-286-25615-3